历史转折：从通道到遵义

29 读·党史

第29辑

历史转折：从通道到遵义

静姝 /编

中共党史出版社

图书在版编目(CIP)数据

历史转折:从通道到遵义/静姝编.—北京:中共党史出版社,2017.4(2022.7重印)
(读·党史)
ISBN 978-7-5098-3705-4

Ⅰ.①历… Ⅱ.①静… Ⅲ.①中国共产党—党史—基本知识
Ⅳ.①D231

中国版本图书馆CIP数据核字(2017)第058042号

出版发行:中共党史出版社
责任编辑:张政
责任校对:龚秀华
责任印制:谷智宇
社　　址:北京市海淀区芙蓉里南街6号院1号楼
邮　　编:100080
网　　址:www.dscbs.com
经　　销:新华书店
印　　刷:北京君升印刷有限公司
开　　本:145mm×210mm　1/32
字　　数:115千字
印　　张:5
印　　数:3101—5100册
版　　次:2017年4月第1版
印　　次:2022年7月第2次印刷

ISBN 978-7-5098-3705-4
定　　价:15.00元

写在前面的话 /王素莉

遵义会议是中国共产党历史上一个生死攸关的转折点。在内战时党内有两条路线：一条是“左”倾教条主义路线；一条是以毛泽东为代表的正确路线。“左”倾教条主义给中国革命造成的危害极其严重，它导致除陕甘以外各主要根据地的丢失和党在国民党统治区组织的严重破坏。如陆定一所说：“遵义会议是由错误路线转变到正确路线的关头。”

第五次反“围剿”失败后，1935年10月，红军被迫长征。湘江战役损失惨重。由红军长征出发到这时，中央红军从8.6万人锐减到3万多人。渡过湘江后，领导层对中央红军的前进方向一直存在争论。12月12日，中共中央在湖南通道召开临时会议，确定西进贵州。红军迅速跨入贵州境内，12月15日占领黎平，打开了红军向贵州进军的通道。

进入贵州时，红军已经处在生死关头，党和红军中大多数人认识到再也不能按照“左”倾错误路线走下去了。12月18日，中共中央在黎平召开政治局会议，根据毛泽东建议，通过了决议，放弃到湘西北同红二、六军团会合的计划，改向贵州北部进军。“会议改变了建立根据地目标所在是一个大决策，是红军长征中战略转变的开始”，中央红军开始由被动转向主动。

1935年1月1日，中共中央在贵州瓮安县猴场召开政治局会议，通过《中央政治局关于渡江后新的行动方针的决定》，在建立新根据地的具体目标上，猴场会议和黎平会议基本一致，依然“以黔北为中心来创造苏区”。如周恩来所说，此时已处于“历史转折的前夜”。

1935年1月7日，红军攻克黔北重镇遵义。1月15日至17日，中共中央在遵义召开政治局扩大会议，比较系统地批评了博古、李德在军事指挥上的严重错误，改组了中央领导机构，增选毛泽东为中央政治局常委，“取消三人团，仍由最高军事首长朱周为军事指挥者，而恩来同志是党内委托的对于指挥军事上下最后决心的负责者。”“以泽东同志为恩来同志的军事上的帮助者”。对中央红军当前的行动方向，会议做出“北渡长江”的新决定，这是对红军在何处建立根据地的目标所做的又一次重大改变。遵义会议解决了当时具有决定意义的军事和组织问题，开始确立以毛泽东同志为主要代表的马克思主义正确路线在中共中央的领导地位，挽救了党，挽救了红军，挽救了中国革命。

会后不久，在向云南扎西地区进军途中，政治局常委决定由张闻天代替博古负中央总的责任。3月中旬，成立由毛泽东、周恩来、王稼祥组成新的“三人团”，以周恩来为首，负责全军的军事行动。

遵义会议以后，毛泽东的指挥战略在红军作战中发挥了决定性作用。《中央关于反对敌人五次“围剿”的总结决议》指出：“我们的战略应该是决战防御（攻势防御），集中优势兵力，选择敌人的弱点，在运动战中，有把握的去消灭敌人的一部或大部，以各个击破敌人，以彻底粉碎敌人的‘围剿’。”中国共产党和红军在毛泽东领导下摆脱了“左”倾教条主义的束缚，根据实际情况变化，灵活地变换作战方向。刘伯承后来回忆说：遵义会议以后，我军一反以前的情况，好像忽然获得了新的生命，迂回曲折，穿插于敌人之间，处处主动，生龙活虎。终于成功地摆脱了几十万国民党军队的围追堵截，取得了战略转移中决定性的胜利。

（本文作者系中央党史研究室研究员）

目 录

CONTENTS

目 录
CONTENTS

从通道到遵义的系列会议 /薛庆超

1934年10月，中共中央领导中国工农红军，从南方各个革命根据地相继开始长征。1936年10月，中共中央和中国工农红军三大主力胜利会师西北，把中国革命的重心从南方转移到了北方，为适应新形势的需要、实现中国共产党从土地革命战争向抗日民族革命战争的战略转变，奠定了基础。

通道、黎平、猴场三次会议：决定红军新的长征方向，为遵义会议奠定了基础

1934年10月，中共中央和红一方面军开始长征，于11月底到达湘黔边界。在不到两个月的长征中，红军损失惨重，由出发时的八万余人减少到三万余人。此时，从共产国际来的李德不顾蒋介石已调集几十万大军到湘西堵截红军的客观形势，坚持其原定与红二、六军团会合的计划。这样，中共中央和红军将面临全军覆灭的危险。在关系到中共中央和红军生死存亡的关键时刻，毛泽东在中央负责人讨论进军方向问题的紧急会议——通道会议上，挺身而出，力挽狂澜。他分析了客观形势，批驳了李德的错误意见，力主放弃前往湘西同红二、六军团会合的计划，提出改向敌人统治力量薄弱的贵州进军的主张。毛泽东的主张得到了王稼祥、张闻天和周恩来等多数中央领导同志的赞成。根据

毛泽东的意见，红军从通道突然改向贵州方向进军，使蒋介石妄图在通道以北“围歼”红军的阴谋宣告破产。此后，拥护毛泽东出来领导党和红军的呼声渐高。

红军进入贵州占领黎平后，中共中央政治局召开黎平会议。在中共中央负总责的秦邦宪与李德仍坚持由黎平北上湘西与红二、六军团会合，创建新的根据地。毛泽东主张继续向贵州西北进军，在川黔边地区建立根据地。经过激烈争论，由于王稼祥、张闻天等多数人赞成毛泽东的意见，会议肯定了毛泽东关于向敌人力量薄弱的贵州进军的正确主张，从而再次否定了李德、博古欲去湘西的错误意见。黎平会议通过的《中央政治局关于战略方针之决定》指出：“鉴于目前所形成的情况，政治局认为过去在湘西建立新的苏维埃根据地的决定，在目前已经是不可能的，并且是不适宜的。”会议决定，红军继续向贵州西北前进，“应坚决消灭阻拦我之黔敌部队，对蒋、湘、桂诸敌应力争避免大的战斗”。会议根据中央领导层存在争论的情况，决定到遵义地区后，开会总结第五次反“围剿”以来军事指挥上的经验教训。

黎平会议后，毛泽东得以参与红军行动的决策，指挥红军向贵州腹地挺进，于12月底占领乌江南岸的猴场。此时，在红军进军方向问题上再次发生争论，李德、博古提出红军不过乌江，回头东进与红二、六军团会合的错误主张。1935年1月1日，在中共中央政治局召开的猴场会议上，多数同志仍然支持毛泽东的正确主张。会议重申由毛泽东提出并经中央政治局黎平会议同意的在川黔边地区建立新根据地的主张，作出了《关于渡江后新的行动方针的决定》。其中专门规定：“关于作战方针以及作战时间与地点的选择，军委必须在政治局会议上做报告。”这就取消了李德以“军事顾问”身份独揽军事指挥大权，以个人专断取代中央革命军事委员会集体领导的不正常做法，把军事指挥权重新收归到中央革命军事委员会与中央政治局。

中央革命根据地和中央红军在王明“左”倾冒险主义错误指导下惨痛失利的事实，沉重地教育了中央领导机关中部分犯过“左”倾错误的领导同志。长征的过程，实际上也是部分犯了“左”倾错误的领导同志逐步认识并抛弃“左”倾冒险主义的过程。毛泽东为此做了大量深入细致的思想工作。他怀着对中国革命前途的无限忧虑，首先同王稼祥进行了亲切交谈，列举过去成功的经验，对“左”倾冒险主义提出了批评。王稼祥在中国革命的危急关头，毅然同“左”倾冒险主义决裂，“干脆地表示，要把博古(秦邦宪)、李德他们轰下台”。毛泽东还同张闻天谈了“左”倾冒险主义的错误问题，对他进行启发和教育，“第五次反‘围剿’的失败和红军主力被迫长征，使张闻天从沉痛的教训中，认识到王明路线的错误和毛泽东主张的正确，长征开始后，毅然参加了反对王明路线的斗争”。王稼祥、张闻天的转变，是党和红军要求改变“左”倾冒险主义的错误领导，尽快摆脱第五次反“围剿”以来的被动局面，要求毛泽东出来领导中国革命的愿望在党的中央领导机关的反映。而通道会议、黎平会议和猴场会议，则为遵义会议的召开奠定了比较统一的思想基础和政治基础。

遵义会议实现伟大历史转折

1935年1月7日，红军占领遵义。这时，毛泽东、张闻天、王稼祥等向中共中央提出，立即准备召开中共中央政治局扩大会议。1月15日至17日，中共中央政治局扩大会议(即遵义会议)在遵义举行。

出席会议的中央政治局委员有：毛泽东、张闻天、周恩来、朱德、陈云、博古；中央政治局候补委员有：王稼祥、刘少奇、何克全。参加会议的还有红军总部和各军团主要负责人刘伯承、李富春、林彪、聂荣臻、彭德怀、杨尚昆、李卓然、邓小平等。此外，共产国际来的军事顾问李德和翻译伍修权也列席会议。

博古主持会议并代表中央政治局常委作关于反对敌人第五次"围剿"的总结报告。他虽然对军事指挥上的错误作了一些检讨，但主要还是强调第五次反"围剿"的失利在于各种客观因素，如帝国主义、国民党反动派力量的强大，白区和各个革命根据地的斗争配合不够等。实际上是在坚持错误立场，为"左"倾错误军事路线辩解。

周恩来作了关于军事问题的报告。他实事求是地分析了第五次反"围剿"失利的主要原因，指出是军事领导的战略战术的错误，批评了李德脱离中国革命实际的"瞎指挥"，"并就军事指挥上的错误进行了自我批评，主动承担了责任"。周恩来的这种态度具有深刻的思想基础。

张闻天按照与毛泽东、王稼祥共同商量的意见，作了反对"左"倾军事错误路线的报告，比较系统地批评了博古、李德军事指挥上的错误。毛泽东作了长篇发言。他将锋芒集中在当时最迫切的军事问题上，针对博古强调客观原因、竭力推卸责任的辩解，列举大量事实，针锋相对地进行了有力的批驳，尖锐地批判了博古、李德推行的错误的"左"倾军事路线，认为第五次反"围剿"失败的主要原因是军事指挥上和战略战术上的错误。毛泽东立场坚定、旗帜鲜明、有理有据的发言，得到与会绝大多数同志的赞同和拥护，"左"倾机会主义者和李德成为众矢之的。王稼祥接着发言。同意毛泽东的讲话，指出博古和李德等在军事指挥上的严重错误，尖锐地批判了他们"单纯防御"的指导思想，拥护毛泽东出来指挥红军。

朱德、周恩来和绝大多数与会同志在发言中支持毛泽东的正确意见，批判错误的军事路线，要求改换中央领导，赞同毛泽东出来领导。

会后，陈云在《遵义政治局扩大会议传达提纲》中指出："扩大会中恩来同志及其他同志完全同意洛甫及毛、王的提纲和意见，博古同志没有完全彻底地承认自己的错误，凯丰同志不同意毛、张、王的意见。”

遵义会议最后一天，讨论了中共中央领导机构的改组等重大问题，决定：(1)毛泽东同志选为(中央政治局)常委；(2)指定洛甫同志(即张闻天)起草(遵义会议)决议。委托常委审查后，发到支部中去讨论；(3)常委中再进行适当的分工；(4)取消三人团，仍由最高军事首长朱(德)、周(恩来)为军事指挥者，而恩来同志是党内委托的对于军事指挥上下最后决心的负责者。

遵义会议结束了王明“左”倾教条主义在中共中央的统治，确立了毛泽东在中央的领导地位，在中国革命最危急的关头挽救了党，挽救了红军，挽救了中国革命。遵义会议是党从幼年走向成熟的重要标志，是党的历史性伟大转折。

(节录自薛庆超：《中共中央在长征中召开的重要会议》，《党史纵横》2007年第11期，标题为编者所加)

红军存亡关头的通道会议

/林顺万　黄振东

在大型史诗性电视、电影巨片《长征》中，有中国工农红军经历湘江血战，由八万多人减到三万人，在通道会议上毛泽东为工农红军转兵贵州与李德、博古激烈争论的一场戏。看到这里，有心的观众或许会问，通道会议和转兵是怎么一回事呢？

原来早在第五次反"围剿"遭到失败，中央红军准备突围转移前，即1934年七八月间，执行"左"倾错误领导和指挥的博古、李德，就确定"到湘西洪江建立新的根据地"。是年11月，贺龙和萧克率领的红二、六军团在湘黔边境会合并进入湘西发动攻势后，博古、李德便确定要去湘西会合红二、六军团。

蒋介石为了消灭向西突围转移的八万多红军，在赣、粤、湘、桂边组成了四道封锁线。中央红军虽然突破了这四道封锁线，却遭到了巨大损失，特别是通过第四道封锁线——抢渡湘江后，仅剩三万余人了。

在抢渡湘江以前，蒋介石就察觉中央红军有北去湘西会合红二、六军团的战略意图。为了阻止中央红军实现"与贺萧合股之目的"，蒋介石于11月17日在南昌行营发布了《湘江以西区域剿匪计划大纲》。这个大纲规定，在"黎平、锦屏、黔阳之东，黔阳、武冈、宝庆之南，永州、桂林之西，龙胜，洪州之北"，布下重兵，消灭红军。中央红军突破湘江后，蒋介石虽有预测并早有准备，但仍是坐卧不安，他说："若再任期窜黔扰川，与贺、萧、徐匪联成一气，则甚为祸之烈，不堪设想。"于是，指令各路军抽调劲旅，继续穷追，着力堵截。

在蒋介石的这个计划中，北面是重点。这里有何键的十六七万"劲旅"。何键坐镇邵阳，指挥刘建绪的第一兵团、薛岳的第二兵团，还有地方保安部队六个团，扼守着中央红军去湘西的必经之路——新宁、武冈、城步、绥宁、靖县、会同、洪江、黔阳、芷江一线，修筑了四道严密的碉堡防御线。仅城步、绥宁、靖县、会同和黔阳五县，就有211座。敌人张开了一个大口袋，"守株待兔"。

是按原定计划北上湘西会合红二、六军团，还是改变计划另辟蹊径呢？这在中央领导人之间展开了激烈的争论。掌权的博古、李德坚持要去湘西会合红二、六军团。湘江战役尚未结束，军委即令前锋一军团侦察由西延北上城步"到湖南去"的道路。12月3日，军委得知湘敌已察觉红军北上意图，派重兵堵于城步一线，军委只好改变计划，"继续西进"。次日，军委即决定"以继续西进至通道以南及播阳所、长安堡地域之目的"，来规定逐日之行动，准备从通道北上湘西。经过八天的边走边打，红军部队陆续进入通道。如果不放弃原来的意图，就必须与五六倍的敌人决战。而这时部队的战斗力又空前减弱，要是仍旧采用正面对垒战，和优势敌人打硬仗，显然就有覆灭的危险。

在这危急关头，毛泽东站了出来。虽然他自长征出发前就一再向中央局领导人进言献策均未被采纳，但他并不泄气。几天来，他在行军途中找王稼祥谈，找张闻天谈，劝说军委领导人改变计划，不要去湘西会合红二、六军团，改道西南，到敌人兵力薄弱的贵州去，以摆脱湘西之敌。

1934年12月12日这一天，地上打着重重的白头霜，暖烘烘的太阳迟迟到中午时分才肯露出头来。霜重色更浓，满山枫叶红。这一天，在我们党的历史上是一个不寻常的日子。随中央第一纵队行进的博古、李德、周恩来、朱德，随中央第二纵队行进的毛泽东、张闻天、王稼祥等领导人，都在这一天先后到达通道县境内的芙蓉村。原定从通道北上的目的地已经到达。是按原计划由此向北去湘西会合红二、六军团呢，还是改向敌人力量薄弱的贵州进军呢？在这里，中央领导人对于这个关系红军生死攸关的问题，不能不作出决断了。于是召开了有博古、李德、周恩来、朱德、张闻天、王稼祥参加的紧急军事会议。毛泽东是新建议的提出者，被邀请出席。

会议争论得很激烈。李德仍坚持原来的计划，北上湘西会合红二、六军团。他提请大家考虑：是否可以让那些在平行路线上追击我们的或向西面战略要地急赶的周浑元部和其他敌军超过我们，我们从他们背后转向北方，与二军团建立联系。我们依靠二军团的根据地，再加上贺龙和萧克的部队，就可以在广阔的区域向敌人进攻，并在湘黔川三省交界的三角地带创建一大片苏区。可惜李德的这番话只是纸上谈兵。他无法说清在敌人已经察觉红军要北上湘西的意图下，有什么办法能让那些在平行线上追击我们或向西面战略要地急赶的周浑元部和其他敌军赶过我们，自己又怎样在他们的背后转向北方。

通道会议会址

毛泽东明确地反对这一意见，提出放弃去湘西会合红二、六军团的意图，改向敌人力量薄弱的贵州进军。他以中肯的分析和雄辩的口才说服了大多数人。他不仅得到了张闻天和王稼祥的支持，而且得到了当时就准备转向"中央三人小组"一边的周恩来的支持。朱德向来尊重毛泽东的意见。就连博古，虽然不想放弃去湘西会合红二、六军团的企图，但是他也认为"从贵州出发可以一直向北，在那里才真正有可能遇到很少的抵抗"。因此，毛泽东的建议被通过了。李德感到孤立，过早地走开了。最后决定的全部内容，是由周恩来事后转告给他的。

于是，一个关键性的时刻到来了。根据这个会议的决定，朱德于当日的19时半以军委的名义签发了一份"万万火急"的电报，命令各军团和纵队首长，"13日西进及进占黎平"，由于黔东的空虚，15日中央红军顺利占领了黎平。18日，在黎平召开了中央政治局会议。会议进一步肯定了毛泽东关于放弃去湘西同红二、六军团会合的企图，改向贵州进军，创建新的根据地的正确主张，并根据新的情况，作出了在川黔边建立新根据地的决定。

通道会议及其转兵的历史功绩是不可磨灭的。

首先，从危急中挽救了党和红军。其次，重新开始了毛泽东对红军的指挥。毛泽东自1931年被撤销苏区中央局书记，1932年被撤红军总政委和前敌委员会书记后，只剩下一个中华苏维埃共和国临时中央政府主席职务，而且是个虚职。但是，毛泽东在这种逆境中，并不因个人大权旁落而消沉，而是日日夜夜为党和红军的前途和命运操心。从突围前开始直到湘江一战损兵过半，他一而再，再而三地奉献良策，虽未被采纳，但并不灰心。他经过多方面的努力，得到了张闻天、王稼祥等同志的支持后，促成了通道会议采纳了他的正确决策。这样，自长征以来，他才第一次真正地参与了重大决策的讨论和研究。最后，为黎平会议和遵义会议的召开创造了条件。

毫无疑问，通道会议是历史转折关头的一次极其重要的会议，是中国工农红军长征由失败走向胜利的一个新起点。

（摘自《档案时空（史料版）》2005年第3期）

为遵义会议奠基的黎平会议 /侯保重

通道会议后的敌我态势

中央红军遵照军委命令，于1934年12月13日，开进贵州省黎平县。黎平县位于贵州省东南边陲，东面同湖南省通道县相邻，南与广西省三江县接壤。它是黔东南通往湖南和广西的主要交通要道。

红军抵达通道地域时，敌军先期在通道以北的靖县、黔阳。会同等地布下了三道堡垒封锁线；西面在贵州的锦屏、茶平一线，由黔军一个团和民团设防，黎平有一个团设防，而黔军"双枪兵"的力量都很弱，没有多大战斗力；东、南两面由广西军阀两个军和湘军一部在尾追进击，主力在全州地区堵截。

通道会议后，中央红军突然转兵贵州，挥戈西指，在13、14日两天，红军各部实际上已向黔东北方向插去，"寻求机动，以便转入北上"，为转移到湘西作准备。军委电令红一军团"迅速前进以便先敌取得和控制剑河渡河点"。16日又命令红一、九军团"准备渡过清水江，然后北上，同前出泸溪、乾城、凤凰地区的二、六军团会合"。

在红军西入贵州的同时，蒋介石又重新调整了军事部署，发布所谓的《湘黔川实施"剿匪"计划大纲》，除命令湘、黔军阀部队巩固原防线外，又命令："以追剿部队之一部，追至铜仁，巩固黔军左侧之防线。"13日何键命令："第二兵团迅以一部进驻铜仁……主力推进于晃县、玉屏、天柱等处。”18日，蒋介石电令薛岳“督励所属，克日由晃县、玉屏直趋镇远”。19日，薛岳部进入黔东南地区之门户翁洞。

红军面临敌军兵力的新变化，如果继续由通道进入贵州黎平地域后，再北上与湘西红二、六军团会合，必然“要陷入蒋介石的罗网”，其后果是不堪设想的。

在通道会议上，虽然博古也同意毛泽东西入贵州的意见，但他在战略上仍主张到贵州后再“折入黔东”去湘西与红二、六军团会合。红军进入黎平后，他又同李德的意见一致了。这时要改变李德、博古原定的会师湘西的战略方针，在通道会议上作出让步的毛、周、张、王、朱等，必然要与其进行一场激烈的争论。为了中国革命事业的发展，以毛泽东为代表的政治局的大多数同志，要求再次召开中央政治局会议，讨论目前中央红军的战略方针和作战方案，解决通道会议上未能解决的问题。为此，周恩来、朱德在中央负责人17日抵达黎平县城后，立即电令红军各部，停止执行之前下达的沿着黔东，北去湘西的命令，原地待命；并明确指出：红一军团“不渡清水江，改由南岸西进”剑河，红三军团去台拱（今台江县）。

会议上的激烈争论

红军先头部队于12月14日攻占黎平县城，16日和17日，中央纵队

黎平会议会址

和军委纵队先后进驻黎平县城。18日，在周恩来的主持下，中共中央政治局在黎平东街红军总部驻地——二郎坡胡荣顺店馆内召开了会议。参加会议的政治局委员有：博古、周恩来、毛泽东、张闻天、朱德，候补委员有：王稼祥、凯丰（何克全）、邓发，此外，刘伯承、李富春等列席了会议。其他委员因所在部队未能赶到黎平，没有参加会议。

会上，围绕中央红军战路方针酌中心议题，展开了激烈的辩论。毛泽东等根据敌情变化的客观实际情况，遵循中国革命战争的规律和特点，按照当时红军自身的实际，提出必须放弃中央原订的去湘西与红二、六军团会合的战略计划，改为在川黔边，最初以遵义为中心创建新苏区的战略方针。并且提出了实现这一战略目标应采取的军事路线和战略战术原则，作战方案及对红四方面军，红二、六军团的领导和配合等问题。博古等人不顾已变化的敌情和红军自身的情况，违反中国革命战争规律的军事路线和战略战术原则，仍顽固地坚持他们主观制定的原战略方针以及沿黔东去湘西的行军路线，以死打硬拼夺路去湘西同红二、六军团会合。这两种意见展开了激烈的争论。周恩来说："从老山界到黎平，在黎平争论尤其激烈。这时李德主张折入黔东。这也是非常错误的，是要陷入蒋介石的罗网。毛主席主张到川黔边建立川黔根据地。"政治局多数同志赞成毛泽东的意见。主持会议的周恩来在通道会议上就同意了毛泽东改变原定战略方针的意见，这时当然非常赞成。最后周恩来根据少数服从多数的组织原则，主持会议通过了毛泽东的建议。周恩来说："我决定采取毛主席的意见，循二方面军原路西进渡乌江北上。"会议最后通过了《中央政治局关于在川黔边建立新根据地的决议》（以下简称"黎平会议决议"）。"黎平会议决议"主要内容如下：

1.会议采纳了毛泽东的意见，决定在川黔边建立新苏区的战略方针。"黎平会议决议"指出："政治局认为：过去在湘西创立新的苏维埃根据地的决定，在目前已经是不可能并且是不适宜的"，"政治局认为新的根据地区应该是川黔边地区，在最初应以遵义为中心之地区"，"我们必须用全力争取实现自己的战略决定"。在通道会议上，毛泽东虽然提出了放弃在湘西建立根据地的问题，但没有详细提出新的根据地具体在什么地方，只是说个大概，在贵州或在四川。通道会议后转兵贵州，毛泽东进一步了解了情况，反复考虑后，在黎平会议上提出了这个完整的战略方针，否定了在黔西、黔西南或云南创建新苏区的可能性。"黎平会议决议"中指出：在不利的条件下应该转移至遵义西北地区，但政治局认为深入黔西黔西南及云南地区对我们是不利的。就说明了毛泽东新的战略方针经过黎平会议已进一步完善了。

2.会议采纳了毛泽东灵活机动的战略战术思想，使红军由被动开始转向主动。"黎平会议决议"指出："在向遵义方向前进时野战军之动作，应坚决消灭阻拦我之黔敌部队，对蒋桂湘诸敌应力争避免大的战斗，但在前进路线与上述诸敌部队遭遇时则应打击之，以保证我向指定地区前进。"当时主持党中央军委日常工作的周恩来说，黎平会议的"军事指挥与以前也不同，接受毛主席的意见，对前方只指出大方向，使能机动"。由此看出，而且红军实践证明，中央红军从黎平向遵义挺进的路上，执行了毛泽东避实就虚，先打弱敌，声东击西，迷惑敌人等战术，一路未遇大的战斗，胜利占领遵义。陈云在遵义会议传达提纲中把"左"倾机会主义者在军事指挥上所犯错误划分为四个时期，最后一个时期就截止在黎平会议。这也说明了黎平会议上采纳了毛泽东的决战防御路线，会后贯彻了他灵活机动的战略战术思想，使红军行军作战逐步由过去的被动变为主动。

3.会议及时地批判了博古、李德第五次反"围剿"失败和长征中失利而产生对红军力量估计不足、畏敌、不敢同敌人打仗的右倾悲观情绪和增长着的游击主义危险，强调加强思想政治工作，对红军树立革命必胜信念，提高部队政治素质，有着重大作用。“黎平会议决议”指出：“政治局认为，为保证这个战略决定之执行，坚决反对对于自己力量估计不足之悲观失望的失败情绪及增长着的游击主义危险，这在目前成为主要危险倾向。”政治局“责成军委依据本决定按各阶段制订军事行动计划，而书记处应会同政治部进行加强的政治工作及保证决定及军事作战部署及实现”。史实表明，中央红军在反“围剿”战争中，特别是长征初期湘江战役后，博古、李德就存在着对敌人力量估计过高，对自己力量估计不足的右倾悲观失望的失败主义情绪，而且越来越严重。在这种思想指导下，畏敌如虎，不敢主动寻找战机消灭敌人，只是夺路退却，从而造成红军在突破敌人设置的四道封锁线过程中，有不少歼敌良机白白丧失，特别是在突破第四道封锁线的战斗中，李德只是指挥红军被动地与阻拦红军前进路上之敌死打硬拼，消极单纯地保护中央和军委纵队夺路逃路，结果使红军遭到不应有的重大损失，两个军团几乎被打垮。进而，在形势对红军不利的情况下，又增长了分散主力打游击的游击主义倾向。这些思想倾向，成了中央红军战胜困难，粉碎敌军五次“围剿”和发展中国革命事业的最危险倾向。李德这种军事上右倾机会主义思想的总根子是来自他的单纯防御军事路线。黎平会议功绩之一，是开始批判李德、博古的军事上右倾机会主义单纯防御路线及其表现的悲观失败情绪和游击主义思想，开始树立了毛泽东正确的决战防御军事路线及其表现的敢打必胜、消灭敌人的坚强思想。

4.会议决定中共中央到达遵义后，即召开中央政治局（扩大）会议。陈云在传达遵义会议的提纲中记载：“遵义政治局扩大会议的召集，是基于在湘南及通道的各种争论而由黎平政治局会议所决定的。”

5.为了贯彻新的战略方针，黎平会议还决定：紧缩机关，充实战斗部队。会后军委下达命令，撤销在湘江战役中受重创的八军团，人员并入五军团。原八军团中央代表刘少奇接替陈云任五军团中央代表，中央纵队和军委纵队合并为一个纵队，称为军委纵队，任命刘伯承总参谋长兼任司令员，陈云任政治委员，叶剑英任副司令员。

黎平会议是中国共产党历史上伟大转折的遵义会议的一次重要的预备会议，它具有深远的意义。

（节录自《遵义会议：决定中国历史命运的三天》，上海出版社1995年版）

转兵贵州

/杨尚昆

湘江一战，红军折兵五万，似乎已濒临绝境。面对这样惨痛的事实，全军上下自然会同前四次反"围剿"的情况对比，那时，红军一直能以少胜多，苏区面积不断扩大。而第五次反"围剿"以来，正如彭总所说"没有打过一次好仗"，大家对博古、李德的指挥已由怀疑、不满到完全失去信任，逐渐觉悟到这是他们排斥毛主席的领导、推行错误的战略战术的结果。

杨尚昆

湘江血战后，部队来不及休息和整理，就被迫进入湘桂边的西延山区。西延山脉海拔2000多米，主峰是被称为"老山界"的越城岭，地势险峻，道路崎岖，山地绵延数百里，西接贵州高原。"广西猴子"又在后面穷追不放，他们和民团一起，利用对地形熟悉，同我们打麻雀战，搞得我们很困难。这一带又是贫穷地区，没有多少地主老财可打，部队连吃包谷也有困难。

部队应该朝什么方向前进？12月9日，博古、李德电令各军团："总的前进方向不得改变。"也就是说，不顾情况的变化，执意要循着两个月前红六军团的行军路线走，到湘西去同二、六军团会合。可是，这条路上蒋介石早已严加防范。11月中，蒋介石颁发的"剿匪计划"规定：万一红军突破湘水、潇水以西，应不使红军长驱入黔会合四川红军，或进入湘西会合二、六军团。他的主要部署放在后一方面。红军渡过湘江后，蒋介石的15个师共20万兵力已等候在芷江、靖县、城步、新宁一线，修筑碉堡，布成五条封锁线，湘西、黔东数县也筑堡200多座。如果红军按照博古、李德"不得改变"的方向前进，正好钻进蒋介石布设好的大口袋，自投罗网。在这个危急时刻，毛主席、王稼祥、张闻天和朱德总司令在通道县向"三人团"提出，放弃原订计划，避强就弱，向贵州转兵，因为王家烈的贵州兵都是"鸦片鬼"，人称"双枪兵"，不经打。12月8日，部队先进到黔东的黎平，周恩来同志主持召开政治局会议，接受毛主席的意见，通过《关于战略方针的决定》，指出：目前在湘西创建根据地已经"不可能"也"不适宜"，新的根据地应以遵义为中心的"川黔边地区"。这是红军战略转变的开始。从这时开始，博古、李德的错误指挥开始被排除。这次会议成为遵义会议的前奏。

我和德怀同志没有参加通道会议和黎平会议，黎平会议的决定是在行军途中由军委电告我们的。我们当即向师以上干部传达，大家听了十分高兴，因为这一来，打乱了蒋介石原来的部署，把几十万敌军甩在阻挡红军去湘西的道上，使我们取得了主动，德怀同志和我立刻联名向军委发电，坚决支持新的战略方针，并且提出建议。我们认为：红军到黔北新的战略区，川湘黔地区的敌情可能有以下变化：一是在蒋介石直接组织下，川军将成为我们正面的主要敌人；二是蒋的嫡系部队将有八至十个师入川，在重庆、泸州沿长江上游设防，阻隔我与红四方面军的联系；三是湘军将在湘黔边构成封锁线，西向乌江威胁我右翼；四是黔军将在我左右起钳制作用。但他们要实施这个计划需要时间，目前敌军疲惫，又值冬荒，预计向我大举进攻的时间"可能在明年三月前后"。因此，建议军委抓住有利时机，渡过乌江，"首先赤化遵义、桐梓、绥阳、湄潭、凤岗、思南六县。思南扼乌江、为我右翼支撑，并保持娄山关在我手中，使我得到武陵山脉。"主力可以在绥阳、桐梓、遵义之间机动。1935年元旦，中央在猴场会议上作出《关于渡江后新的行动方针的决定》。

新的战略方针确定后，红军立刻向遵义进军。在此之前，三军团已在12月27日占领黄平，31日占领瓮安，1935年1月4日渡过清水江直奔乌江渡口。这时，两路追敌中，湘军刘建绪的三个师经镇远向瓮安袭来，中央军薛岳的八个师转到贵阳附近，借"追剿"红军之名，乘机从地方军阀王家烈手中攫取对贵州的控制权。红军便趁此时机北上，掩护军委纵队在1月6日全部顺利渡过乌江，向遵义进发。

1月9日上午9时，红军司令部进驻遵义，蒋介石的几十万"追剿军"被甩在乌江以东和以南地区，没有来得及集中，红军获得了在遵义休整十多天的时间，这是长征开始以来没有过的。中共中央利用这个时机召开政治局扩大会议，按黎平会议的计划，检讨第五次反"围剿"以来战略战术方面的经验教训。

从黎平到遵义的进军，我以为有以下几个特点：

第一，战略目标明确，行动方向出敌不意，重新取得了主动权，士气高涨。

第二，部队进行了缩编。"红星""红章"两个中央纵队合并为军委纵队，由刘伯承任司令员，陈云任政委，叶剑英任副司令员，凡是能战斗的人员和轻重武器调给战斗部队；抛弃许多坛坛罐罐，解散庞大的挑夫队伍；撤销了主要由扩红时招募的新兵组成的红八军团的建制；各军团也缩编机关，部队轻装前进，提高了战斗力和机动性。

第三，恢复了红军密切联系群众的优良传统。博古、李德把部队做群众工作说成是“游击作风”，抛弃了红军的传统。我们占领黎平后，发动部队利用休整时机，展开群众工作。黄平是少数民族聚居地区，我们向群众宣传党的民族政策，尊重兄弟民族的风俗习惯，不经寨主同意不进寨，不得房主同意不进屋，说话和气，买卖公平，同时向他们宣传革命道理和红军宗旨，获得少数民族兄弟的支持。他们给红军当向导，筹运粮食，运送伤员。许多青年人还踊跃参军。

第四，避强打弱，不避战。黎平会议决定：红军向遵义进军时，应坚决消灭阻拦我之黔敌部队，对蒋、湘、桂诸敌则力避大的战斗。本着这个方针，红军入黔后长驱直入，势如破竹，连克数县，抢渡乌江，轻取遵义，没有遇到大的阻力。

（摘自：《杨尚昆回忆录》，中央文献出版社2001年版）

长征亲历者谈黎平会议

聂荣臻——

12月14日，一军团二师六团进占贵州黎平。黎平当时有王家烈守敌一个团，我军进攻，他们即放弃黎平，散在城外各地。随后，我们一军团以一个师的兵力驻守黎平，一面驱逐城外的黔敌，一面保障中央政治局在黎平开会。黎平会议是一次重要的会议，经过毛泽东同志的努力说服，许多同志改变了观点，同意了毛泽东同志的正确意见。12月18日，中央政治局做出了关于在川黔边建立新根据地的决议，预定遵义为新根据地中心。这是一个十分重要的决议，是我们战略转移的开始。其中最主要的是指出，去湘西已不可能也不适宜，决定向遵义进发。这样，一下子就把十几万敌军甩在了湘西，我们争取了主动。12月18日，军委为了充实战斗部队，紧缩机关，还下令撤销八军团，并入五军团，军委一、二纵队合并为军委纵队，由刘伯承同志任司令，陈云同志任政治委员，叶剑英同志为副司令员。（《聂荣臻回忆录》）

陆定一（长征时曾任红军总政治部宣传部干事、部长）——

1934年12月8日，进入苗人区域。一军团经婆洞到河口，先头师到柳寨。三军团改向西北，到五湖、罗里、抱桐。五、八军团进到黎平城。八军团进行改编。九军团在锦屏休息。

军委一、二纵队在黎平休息，举行干部同乐大会。一、二纵队进行合编。

朱总司令命令：（一）鉴于目前所形成的情况，我野战军过去在湘西创立新的苏维埃区域的决定，目前已是不可能的，并且不适宜的了。（二）根据今后野战军在行动中能取得与四方面军与二、六军团的协同动作，及在政治的经济的居民的条件上求得顺利创造新苏区，我野战军应取得川黔边地区，首先是以遵义为中心之地区。（三）在向遵义方向前进时，我野战军之动作应坚决消灭阻拦我之黔敌部队，对蒋湘桂诸敌，应力争避免大的战斗，但在前进路上若与上述诸敌遭遇时，应坚决打击之，以保障我向指定地区前进。（《长征大事记》，《党的文献》1991年第6期）

宋任穷——

12月中旬，中央政治局在贵州黎平召开会议，肯定了毛泽东同志的正确主张，决定向川黔边境挺进。这样可把十几万敌人甩在湘西，红军才能摆脱险境。这时，我军紧缩编制，丢掉了不必要的辎重，对主力部队进行了充实。这样做，我军有了转机，接连攻占了贵州东部的许多县城，于1934年底抵达乌江南岸。（《忆长征中的红军干部团》）

黄克诚（时任红三军团第四师政治委员）——

我军离开广西后即进入湖南通道县境，继之进入贵州黎平。这时主力红军已折损过半。毛泽东同志力主放弃原定的与红二、红六军团会合的计划，改向敌人力量比较薄弱的贵州前进。毛泽东同志先同王稼祥同志交换意见，并提出需要认真考虑军事路线的是非问题，得到了王稼祥同志的赞同。接着，毛泽东同志又说服了张闻天等其他几位中央主要领导同志。这样，中央政治局于1934年12月18日在黎平召开会议，通过了《中央政治局关于在川黔边建立新根据地的决议》。会议认为，“过去在湘西创立新的苏维埃根据地的决定在目前已经是不可能的并且是不适宜的”，正式决定中央红军改向遵义为中心的川黔边地区挺进。黎平会议使中央红军避免了陷入绝境，并为后来的遵义会议奠定了基础。（《我在红三军团的经历》（下），《中共党史资料》1987年第3期）

李聚奎——

12月中旬，大概是在通道会议的一周之后，我一军团先头部队向贵州黎平前进。驻在黎平的贵州军阀王家烈部周芳仁旅一个团，在我先头部队尚未到达之前，就弃城向十万坪、五里桥撤退。贵州敌军这种望风披靡、狼狈逃窜的情形，同湖南、广西军阀及蒋介石的嫡系部队顽强战斗的情况，形成了鲜明对比。这一现象，引起了到达黎平的中央领导同志的注意。

同时，中央领导同志还了解到，贵州军阀王家烈、犹国才、侯之担、蒋在珍这四个派系名为统一，实则各据一方，时常内讧。王家烈虽名为国民党贵州省主席兼二十五军军长，主持贵州军政，但实际上能够由他指挥的部队只有两个师而已。还了解到，贵州的统治者为了开辟财源，中饱私囊，除立下名目繁多的苛捐杂税之外，还公开宣布开禁鸦片烟。种鸦片烟、吸鸦片烟的到处可见，富人靠鸦片烟发财，穷人抽鸦片烟倾家荡产，卖儿卖女卖老婆。贫富悬殊，阶级矛盾极为尖锐。特别是军队也抽鸦片烟，被称为“双枪兵”（一杆步枪加一杆烟枪），战斗力较差，比较好打。综合这些情况，更证明毛泽东同志关于贵州敌人的力量比较薄弱的判断是正确的。

就在这个时候，党中央在黎平召开了政治局会议。会议充分肯定了毛泽东同志关于进军贵州的正确意见，做出了在川黔边境建立新根据地的决议，正式决定中央红军改向以遵义为中心的黔边区前进。这样一来，就把国民党十几万部队甩在湘西，使中央红军得以避免陷入绝境。这是在王明"左"倾路线领导者排斥毛泽东同志之后，党中央在重大战略决策问题上，第一次接受了毛泽东同志的正确意见。这可以说是我们战略转变的开端，是尔后遵义会议得以胜利召开的基础。(《长征中的红一师》)

张宗逊(时任红三军团第四师师长)——

12月11日，红军攻占通道县城。中央在通道举行了会议。由于蒋介石在新宁、武冈、城步、绥宁、靖县、会同、黔阳、芷江地域部署了十五个师兵力，黔军王家烈部进到锦屏、黎平地区堵截红军，湘桂军各一部继续尾追红军，企图围歼红军在北上湘西的路上。"左"倾领导者要北上湘西和红二、六军团会合，就势必进入蒋介石预设的口袋。在这生死存亡的紧急关头，毛泽东同志力主放弃和红二、六军团会合的计划，改向敌人力量薄弱的贵州前进。他的正确主张得到党和红军大部分领导的赞同。

红军根据通道会议的决定，西进贵州。旧社会称贵州为"天无三日晴，地无三尺平，人无三分银"的穷困地区。红军以红一军团和红九军团为右翼，经新厂、溶洞进入贵州；红三军团为左翼经团头、播阳，向黎平前进。

黎平城四面环山，敌人在这里没有修什么工事，红三军团逼近黎平，守敌不战而逃，红三军团顺利进入黎平。这样红军把敌人重兵一下子甩在湘西，敌人调整部署需要时间，红军在征战了两个月之后，第一次获得喘息机会。

中共中央政治局在黎平城里召开会议。会议同意毛泽东同志提出继续向贵州西北进军的主张，准备在川黔边建立根据地。会议还决定对部队进行整编。决定把红八军团建制撤编，剩余部队分别编入红三军团和红五军团；把教导师补充到各军团；把中央纵队和军委纵队合编为军委纵队，新编的军委纵队以刘伯承为司令员，陈云为政治委员。另外，把庞大的挑夫队伍解散，凡能战斗的都调到战斗部队去，后方的迫击炮、炮弹和枪械也补充给作战部队。黎平会议后，红军即分两路向黔西北进军。（《张宗逊回忆录》，解放军出版社1990年版）

王智涛——

12月18日，中共中央政治局在黎平举行会议。会上，李德重申了原定的战略方针和部署。毛泽东接着发言，他说："目前，党和红军正面临全军覆灭的危机，如果按李德同志原定的计划，继续去湘西与红二、红六军团会合，必然钻进敌人早已部署好了的口袋。我们三万疲惫之师要对付敌二十多万大军，无疑是自取灭亡。贵州王家烈的部队是有名的'双枪军'，战斗力较为薄弱，而且黔境内，有几个小军阀矛盾很深，争斗激烈。我们可乘虚而入。这样，既可摆脱敌重兵追击，又可占据一块小地盘，让部队稍事休整。"王稼祥、洛甫、朱德、周恩来相继发言，纷纷表示支持毛泽东的建议。李德、博古尴尬地看着众口一词的与会同志，没有表态。周恩来再次询问，他们仍是默默无语。于是，周主动地代表三人团做了会议结论。决定接受毛泽东等同志的建议，挥师西进贵州。

依据政治局黎平会议的决定，中革军委将中央第一、第二纵队合编为一个纵队，由刘伯承任司令员，叶剑英任副司令员，陈云任政治委员。并于12月19日电令红二、红六军团和红四方面军积极活动，牵制湘敌和川敌。策应中央红军西进。20日，中央红军分两路西进，连克剑河、台江、镇远、施秉等城，继而进至黄平、余庆地区。（《红军洋顾问李德在长征之初》二）

（摘录自杨胜群、陈晋主编《红军长征重大决策见证录》，生活·读书·新知三联书店2006年版）

猴场会议：取消错误军事指挥 /余福仁

黎平会议后，中央红军挥师西进，向贵州腹地进击，把蒋介石围堵红军的十几万大军甩到了湘西，取得了战略的主动权。这时，蒋介石急令黔军王家烈率部到黔东防堵，无奈王家烈的军队是有名的“双枪兵”（步枪加大烟枪），战斗力极弱，一与红军接触即溃不成军。中央红军向黔北挺进，所向披靡，势如破竹，从1934年12月21日起连克剑河、镇远、施秉、黄平、余庆等几座县城。12月29日，右路纵队进抵乌江南岸龙场一带，左路纵队于12月31日进入瓮安县境，经老坟嘴进占瓮安县猴场，其前锋部队进抵乌江南岸的江界河。随后，军委纵队于12月31日下午进驻猴场，红军总司令部和部分中央领导人住在猴场宋家湾，毛泽东住在下司街祠堂。

此时，在中央红军的背后，国民党吴奇伟、周浑元两个纵队已尾追至施秉、黄平、镇远、三都一带，广西军阀也派一个军进至都匀、独山一带。面对红军即将到来的又一严峻形势，“左”倾冒险主义者仍不放弃去湘西的意图，提出要红军“一是不过乌江”，在乌江南岸转战；“二是回头与红二、红六军团会师”。

为了确保黎平会议关于中央红军北渡乌江在黔北建立新的根据地战略意图的实施，纠正“左”倾冒险主义者的错误主张。1934

年12月31日夜至1935年1月1日，中央政治局在乌江南岸的瓮安县猴场（今瓮安县草塘）下司村宋家湾豪绅宋泽生的住宅召开会议，史称“猴场会议”。参加会议的有毛泽东、朱德、周恩来、王稼祥、张闻天、李富春、李德、博古、伍修权（翻译）。会议通过激烈的争论，再次否定李德等人回头东进与红二、红六军团会合的错误主张，重申了黎平会议作出的关于渡过乌江、向黔北发展以建立新的根据地的战略意图不变。会议作出了《关于渡江后新的行动方针的决定》，并命令红军立即渡江。“决定”指出：“立刻准备在川黔边广大地区内转入反攻，主要是和蒋介石主力部队（如薛岳的第二兵团）或其他部队作战，首先消灭他的一部，来彻底粉碎第五次‘围剿’，建立川黔边新苏区根据地，首先是以遵义为中心的黔北地区，然后向川南发展”，

猴场会议会址

“必须有计划的有步骤的来开始我们的赤化工作，争取广大群众到苏维埃的旗帜下，坚决消灭当地贵州军队与地方武装。武装当地群众，扩大红军，搜集资料，建立政权，扩大我们的活动地区。”会议还决定，“关于作战方针，以及作战时间与地点的选择，军委必须在政治局会议上做报告”，以加强政治局对军委的领导。这个决定，实际上剥夺了博古、李德的军事指挥权。会后，红军总政治部发布了《关于瓦解贵州白军的指示》和《给中央军及黔军弟兄们的信》，展开了强大的政治宣传，号召全党全军为实施这一决定而奋斗。

猴场会议是中共历史上又一

次重要的会议。会议提出首先在以遵义为中心的黔北地区，然后向川南创建川黔边新的根据地的战略任务。这次会议又一个重大的功绩在于改变了“左”倾错误领导人包办军事的状况，事实上取消了李德、博古对中央红军的错误军事指挥。这次会议为红军抢渡乌江进占遵义，进而建立以遵义为中心的黔北革命根据地和遵义会议的胜利召开作了充分的准备。

（摘自：《当代贵州》2004年第6期）

猴场会议是中央红军战略转兵的重要组成部分

/肖文豪

1935年1月15日至17日，中央政治局在遵义召开的扩大会议取得了巨大成果。它集中全力解决了军事问题和组织问题，从而结束了王明“左”倾路线在党中央的统治，确立了毛泽东在党和红军中的领导地位，使党的路线转移到了马克思列宁主义的正确轨道上，党从幼年转向成熟，实现了中国共产党历史上的第二次伟大历史转折。这样巨大的成果，经历了一个发展过程。周恩来在1972年6月的一次谈话中，在谈到这一段历史时说：“毛主席取得领导地位，是水到渠成。”这里所说的“水到渠成”，包括了从湘南开始争论、黎平会议改变战略方针，猴场会议重申黎平会议所制定的战略方针，直到遵义会议召开的战略方针的转变过程；包括“左”倾集团分化瓦解，最后少数人被孤立的过程，还包括中央领导同志、党和红军的干部对“左”倾错误的认识、提高以及思想转变的过程。猴场会议是这一过程中重要的一部分。

从黎平会议到猴场会议这个过程与从两河口会议到俄界会议的历史过程，有许多相似的地方。这两个过程都是中国共产党历史上第二次历史性转折的重要组成部分，它们都经历了战略方针的提出，坚持到实现的历史发展过程。前一过程是后一过程的前提条件。因为前一过程的斗争，是要把博古、李德"轰下台"，重新确立毛泽东在全党和红军中的领导地位，把党的指导路线由"左"倾教条主义转变为马克思列宁主义。这个斗争关系到党和红军的生死存亡，带有全局性；后一过程的斗争，由于党的指导路线因毛泽东领导地位的确立，实现了由错误到正确的转变，马克思列宁主义路线在党中央已经取得领导地位。这时的斗争，是要排除张国焘对党中央正确决策的干扰。而且张国焘只能影响局部，不能指挥全体，所造成的损失也只是局部的。从这个意义上来说，后一过程的斗争带有局部性。作为前一过程的重要组成部分的猴场会议，除了重申和坚持黎平会议的战略方针外，还解决了不少重大原则问题。正是这些重大原则问题的解决，使遵义会议取得巨大成果。

一

中央红军开始长征后，由于博古、李德坚持到湘西与红二、六军团会合，放下行李后再举行反攻，采取的是搬家式的转移。长征初期，他们实行的是避战主义与逃跑主义，结果使红军被动挨打，中央红军损失极为惨重。当中央红军通过敌人的湘江封锁线后，由出发时的八万多人锐减为三万多人。因此，中央红军行进到西延山脉的老山界一带时，毛泽东提出要讨论失败问题，但未被采纳。1934年12月10日，中央红军进入湖南的通道县境内。这时，蒋介石已了解了中央红军要北出湘西会合红二、六军团的意图。调集了五六倍于红军的兵力，在中央红军北出湘西的路上布下一个大口袋，妄图将中央红军一举消灭于北出湘西与红二、六军团会合的路上。如果这时坚持北出湘西，中央红军就有陷入全军覆没的危险。在这种严峻的形势下，博古、李德"在当时不利于我们的情况下，却还是机械的要向二、六军团地区前进，而不知按照已经变化的情况来改变自己的行动方针"。在这生死存亡之际，毛泽东力主"放弃会合二、六军团的企图，改向敌人力量薄弱的贵州前进，争取主动，打几个胜仗，使部队得以稍事休整。他的主张得到大部分同志的赞同。”博古、李德在一筹莫展的情况下，迫于形势，不得不同意中央红军进入贵州。但是，中央红军进入贵州以后的行动目标不清楚，中央的争论也更激烈。博古、李德仍然坚持要到湘西去会合红二、六军团。因此，中央纵队进入黎平县城这一天，中央军委还命令一、九军团准备渡过清水江，同在泸溪、乾城、凤凰一带的红二、六军团会合。

在上述情形下，中央政治局于1934年12月18日在黎平县城召开会议。在黎平会议上经过激烈争论，作出了《中央政治局关于在川黔边建立新根据地的决议》。决定中央红军继续向贵州前进，去开创以遵义为中心的川黔边根据地。这就使从老山界开始的关于战略方针的争论，有了一个初步的结果。周恩来说：“从黎平开始往西北，经过黄平，然后渡过乌江，到达遵义，沿途争论更激烈。”也就是说，博古、李德仍然顽固坚持到湘西会合红二、六军团的原计划。

黎平会议后，作战一直顺利，部队情绪振奋。中央红军在十几天时间里，就连克锦屏、剑河、台拱、镇远、施秉、黄平、余庆、瓮安等县城，顺利地通过了黔东南地区，将几十万敌军甩在湘西。1934年12月底，中央红军各部先后到达乌江南岸，准备强渡乌江。

中央红军入黔后，蒋介石急忙调兵遣将，妄图将中央红军“围歼”于黔东南地区。他一方面严令黔军在黄平一线设防；另一方面又急令中央军、湘军、桂军从川、湘、桂等急进入黔，准备在黔东南地区布置围歼中央红军的新“口袋”。

中央红军到达乌江南岸时，又出现了向东北去还是向西北去的争论。如果回头向东北方向前进，与湘西红二、六军团会合，这是博古、李德所坚持的原计划。按这个计划向东北方向去，就会重新陷入敌人的四面包围之中，不但不能与红二、六军团会合，而且面临全军覆没的危险。向西北方向前进，

1935年8月，红二、六军团领导人在湖南澧县合影。左起立者：贺龙、李达、关向应、任弼时；坐者为王震

只看见消灭小部黔敌及消灭土匪的任务。”提出了要在乌江南岸游击黔军和民团，寻找机会向东北去，再到湘西与红二、六军团会合的错误主张。这表明，关于战略方针问题的争论不解决，中央红军就不可能彻底摆脱敌人，求得生存和发展的条件。

在这向东北去还是向西北去的争论更加激烈的关键时刻，中央政治局于1935年1月1日在猴场（瓮安草塘）召开了会议，即猴场会议。“会议批评博古、李德的不过乌江而要回头和红二、六军团会合的主张，决定强渡乌江。作出了《关于渡江后新的行动方针的决定》，重申首先在以遵义为中心的黔北地区，然后向川南发展，创建川黔边新根据地的战略任务。”

抓紧时机强渡乌江，在敌人的合围形成以前，利用黔军战斗力较弱的有利条件，迅速向遵义地区前进，就有可能实现黎平会议所制定的战略目标，开辟以遵义为中心的川黔边根据地。这时，博古、李德又满足于中央红军在黔东南地区所取得的胜利。“不知按照新的情况变化提出在川黔边转入反攻，消灭所谓蒋介石追剿部队的任务，而

二

针对博古、李德要在乌江南岸打游击，寻找机会再与红二、六军团会合的错误主张，猴场会议决定（以下简称“决定”）重申了黎平会议所制定的战略方针。“决定”指出：“由于我野战军即将通过乌江，跨进我们十二月十八日政治局会议所预定的新苏区根据地的遵义地带，开始彻底粉碎敌人五次‘围剿’的最后阶段。”因此，渡过乌江后，“立刻准备在川黔边广大地区内转入反攻……建立川黔边新苏区根据地。首先以遵义为中心的黔北地区，然后向川南发展是目前最中心的任务。”“决定”所制定的战略任务比起黎平会议来，更加明确和具体。这就彻底否定了博古、李德顽固坚持的要到湘西与红二、六军团会合，放下行李后再举行反攻的错误方针。

为保证建立以遵义为中心的川黔边新苏区根据地这个战略目标的实现，“决定”调整了中央红军渡过乌江后的作战任务。即由黎平会议决议规定的，“在向遵义方向前进时，野战军之动作，应坚决消灭阻拦我之黔敌部队，对蒋湘桂诸敌应力争避免大的战斗。”改变为“主要是和蒋介石主力部队（如薛岳的第二兵团）或其他部队作战，首先消灭他的一部，来彻底粉碎五次‘围剿’，……是目前最中心的任务。”按照中央的新部署，中央红军于1935年1月1日开始，先后渡过乌江，向预定目标——遵义地区前进。几天时间就把蒋介石重新布置的“围剿”部队甩到了乌江南岸。1935年1月12日，在遵义老城省立第三中学召开了遵义县万人群众大会，建立了中央红军开始长征以来的第一个苏维埃政权——遵义县革命委员会。遵义县革命委员会是由黎平会议提出，猴场会议重申和肯定的，建立以遵义为中心的川黔边根据地的战略方针的具体体现和初步成果，对红军指战员和广大群众是极大的鼓舞。在成立大会上，毛泽东、朱德、李富春都亲自讲话。在县革命委员会的成员中，有毛泽民、丁伯霖等党和红军的重要干部。在他们的领导下，建立了区、乡苏维埃政府或革命委员会22个。开展了宣传党的政策、组织动员扩红，筹粮筹款，领导群众打土豪、分田地等工作，有力地配合了中央红军在遵义地区的活动。

王明等人上台后，实行家长式的统治，党的组织原则和优良传统被破坏殆尽，党内政治生活极不正常。长征前一切准备工作，均由李德、博古、周恩来三人所主持的最高"三人团"决定。李德虽然是个顾问，却成了太上皇，他说了算。"军委的一切工作为华夫同志个人所包办，把军委的集体领导完全取消。"在这一时期里，党对军队的领导变成了李德个人对军队的领导；政治局的集体领导原则，被"三人团"中的一两个人说了算所取代。造成这一时期是民主革命时期党内政治生活最不正常的时期。这种不正常状况，使"对于军事上一切不同意见，下层指挥员的机断专行与创造性是被抹煞了，在转变战略战术的名义下，把过去革命战争中许多宝贵的经验与教训完全抛弃。"这种状况不改变，就不能实现新的战略方针，达不到粉碎敌人的"围剿"，创造新苏维埃根据地的战略目标。"决定"明确规定："关于作战方针，以及作战时间与地点的选择，军委必须在政治局会议上做报告，"并"责成书记处与军委保持二，六军团与四方面军的密切联系，加强对于他们在政治上与军事上的领导，使他们以积极的行动来配合我们的反攻。"在实际上剥夺了博古、李德的军事指挥权，初步恢复了党对红军的领导和由政治局集体作重大决策的集体领导制度，开始改变党内政治生活的不正常状况。为遵义会议的召开从组织上和制度上提供了保证。

在反对敌人五次"围剿"的战争中，"李德的战略是单纯防御，战术是短促突击，分兵把守，敌人来一路挡一路。"反对集中优势兵力，各个歼灭敌人。"不要运动战，看不起游击战。"结果红军不但没有能粉碎敌人的"围剿"，而且被迫退出根据地进行长征。长征初期，“我们的突围行动，在华夫等同志的心目中，基本上不是坚决的与战斗的，而是一种惊慌失措的逃跑的以及搬家式的行动。”“基本战略方针采取了避战主义”，“即是说红军一定要到达指定的地区（湘西），放下行李，然后才能举行反攻消灭敌人，否则是不可能的。”这使中央红军在不到三个月的时间里，人员损失过半，处在全军覆没的险境中。红军进入贵州，特别是黎平会议后，在作战中初步改变了原来的战略战术原则，在短短的十几天时间里，中央红军就把敌军甩在湘西，顺利地通过了黔东南地区。“决定”则以集体决定的形式，重新肯定了正确的战略战术原则。指出：“军委必须特别注意敌情的分析、研究，道路、敌情的侦察，抓住反攻的时机，并不失时机的求得在运动中，各个击破敌人，来有把握的取得胜利。”为适应新的战略战术原则，猴场会议还决定继续缩编部队，以提高部队的灵活性和战斗力。“决定”指出：“在充实战斗连队的原则下，应缩编我们的部队，军委纵队必须继续缩小，以适合于新的战斗环境。”否定了博古、李德的消极防御的战略方针和错误的战术原则。过去在革命战争中形成的、行之有效的，被博古、李德所瞧不起的积极防御的战略方针，以及机动灵活，集中兵力，在运动中各个歼灭敌人的战术原则得到了初步恢复。这在战略战术原则方面为遵义会议的召开和红军长征的胜利作了准备。

博古，李德“他们把战争看作第一”。鼓吹单纯军事观点，将红军的任务缩小为单纯打仗，在政治思想工作中大搞形式主义。长征开始前，他们不在红军指战员中作广泛深入的动员，连聂荣臻这样的红军高级将领也只知道要转移，而不知道转移到哪里。因此，中央红军开始长征后就出现不少非战斗减员。这是红军人员损失的原因之一。要彻底粉碎敌人的第五次“围剿”，创立新的苏区根据地，必然要经过极其残酷的斗争。这就需要极大地提高红军的士气。“士气从哪里来？靠指战员的阶级觉悟，靠广大指战员知道为何而战。这就要靠思想工作，靠平时经常的基本的和时事性的政治思想教育和战场上强有力的宣传鼓动工作。”为使广大指战员知道为何而战，“决定”特别强调实行战略方针的全局性战略意义。指出：“政治局认为，这一次反攻的彻底胜利，五次‘围剿’的最后粉碎，与川黔边区的建立，对于我们胜利的粉碎蒋介石正在布置着对中央红军，四方面军与二、六军团的新的‘围剿’计划，有极端重要的意义。因此，政治局号召全党同志为坚决实现这一决定而斗争。”正因为这一斗争事关全局，意义重大，政治局预计到这场斗争将是十分激烈、残酷的。因此，告诫红军广大指战员要做好艰苦奋斗的思想准备。指出：“新苏区根据地，只有在艰苦的残酷的胜利的战斗中，才能创立起来。反对一切逃跑的倾向，与偷安休息的情绪。”要求全党和红军广大指战员明确，“我们的胜利要在自己艰苦奋斗中取得，新苏区的创造不是不经过血战可以成功的。”为此，“决定”强调，“特别加强在连队中的政治工作。”以“最大限度的提高他们的战斗情绪，坚强他们作战的意志与胜利的信心。”“必须在‘创造川黔边新苏区根据地’、彻底粉碎敌人五次‘围剿’，‘消灭蒋介石的主力部队’的基本口号下，在全体红色指战员中间，进行广泛深入的宣传鼓动。”还责成政治部根据这一决定起草新的政治训令。使被博古、李德所抛弃的、我党在长期实践斗争中形成的优良的政治工作传统得到了初步恢复。

关于红军任务，“决定”指出：“同样在这一时间内，必须有计划的有步骤的来开始我们的赤化工作，争取广大群众到苏维埃的旗帜之下，坚决消灭当地贵州军队与地主武装，武装当地群众，扩大红军，搜集资料，建立政权。”否定了博古、李德把红军的任务缩小为单纯的打仗一项的错误做法，明确了红军除了打仗消灭敌人外，还要做群众工作，武装群众，帮助群众建立政权等工作。使红军建设又开始走上正确的轨道。

三

从通道到遵义这个过程，是一个实践、认识、再实践、再认识，然后上升为理论的认识过程。在通道提出向贵州前进，是为了避开敌人的"口袋"，给红军寻找一个休整的机会。这时进兵贵州是被动的，带有盲目性。这是关于战略方针问题认识的初级阶段。经过从通道到黎平这一阶段的实践，党和红军的干部，特别是党内的一些主要负责人，经过深思和比较，认识有了提高，产生了认识的第一次飞跃。因此，在黎平会议上争论虽然激烈，但还是通过了《中央政治局关于在川黔边建立新根据地的决议》。之后，红军进军贵州，是按照预定的目标——建立以遵义为中心的川黔边根据地前进。克服了前一段的盲目性。这是关于战略方针问题认识的第二阶段。黎平会议后，中央红军在黔东南地区的行动比较顺利，党和红军的广大干部在这一段实践中进一步加深了认识，对"左"倾错误的认识有了新的提高，产生了认识的第二次飞跃。因此，在猴场会议上通过了《关于渡江后新的行动方针的决定》。《决定》除重申黎平会议的战略方针外，还在实际上剥夺了博古、李德的军事指挥权，初步恢复了党的集体领导等重大原则和党的政治工作的优良传统以及红军正确的战略战术原则，发展了黎平会议决议的精神。猴场会议后，中央红军向遵义前进的行动就更加主动、更加自觉，从猴场到遵义，就是尽一切努力去实现新的战略方针，信心坚定，目标明确。表明召开遵义会议的条件已经成熟。在遵义会议上，这个认识过程上升为理论，形成了《关于反对敌人五次"围剿"的总结决议》，完成了关于转兵贵州的战略方针的认识过程，实现了中国共产党历史上的第二次历史性转折。猴场会议则是这个认识过程中不可忽略的重要组成部分。

（摘自《贵州师范大学学报》1989年第4期）

遵义会议的回顾 /杨尚昆

遵义会议主要解决军事路线，没有涉及政治路线问题，因为自五次反"围剿"以来，中央在军事战略战术方面的严重错误已是毋容争辩的事实；至于政治路线方面的错误，许多同志还没有认识，解决问题的时机还不成熟，而且追敌在后，关键时刻只能集中力量先解决最迫切需要解决的问题，这是十分正确的。

这是一次带有紧迫性的政治局扩大会议。当时，因为被战事所分割，一部分政治局委员和候补委员不可能到会，但是到会的还是占多数。五中全会后的政治局委员，除顾作霖因病去世外，还有11人，出席会议的有：博古、张闻天、周恩来、陈云、毛泽东、朱德六人，超过了半数，缺席的五人中，王明和康生在莫斯科，张国焘在四川，任弼时在湘鄂川黔，项英在江西坚持游击战争。政治局候补委员共五人，出席会议的有刘少奇、王稼祥、邓发、凯丰（何克全），是绝大多数，只有关向应在湘鄂川黔，未能出席。中央的四位书记（或叫常委），除项英外，博古、张闻天、周恩来都出席。后来张国焘竟说，遵义会议他没有参加，不能算。这真是不讲理了！

参加扩大会议的红军总部和各军团负责人是：参谋长刘伯承；总政治部代主任李富春（主任是王稼祥，因为负伤，由富春同志代理)；一军团的林彪、聂荣臻，三军团的彭德怀和我；五军团的李卓然(九军团的罗炳辉和蔡树藩在遵义东北的湄潭、兴隆一带负责警戒，八军团已经撤销，没有人参加)；还有担任《红星报》主编、中央队秘书长的邓小平。共产国际的军事顾问李德和他的翻译伍修权也参加了会议。李德坐在靠会场进门的地方。他坐在门边上，椅子跨着门槛，门里头一半，门外头一半。我记得他没有怎么说话，只是一个劲地抽烟。

红三军团的指挥部在乌江北岸刀靶水地区的尚稽镇，离遵义有20多公里，我和彭总是骑马赶去的，晚到了半天。所以我们两人就住在会场的楼下。一开会，首先讨论是否在黔北建立根据地的问题。据说伯承同志和荣臻同志建议，"打过长江去，到川西北去建立根据地"。会议采纳了这个建议，理由是：四川有四方面军的川陕根据地可以接应，经济条件又远比黔北好，川西北背靠西康，后面没有敌情。彭总和我在会前曾向军委提出：在蒋介石的直接组织下，川敌"将成为我们正面的敌人"，但因为我们到得迟了，没有能在会上提出这个问题。后来陈云同志在传达遵义会议的提纲中指出，新的决定"没有具体了解与估计敌情的可能"，特别是"对于四川敌人的兵力的过低估计"。

在检讨和总结第五次反"围剿"的经验教训时，博古首先作报告，他也承认了军事指挥上的一些错误，但在分析第五次反"围剿"失败的原因时，着重强调的是敌

博古

强我弱这个客观因素。他报告下来，大家都不满意。接着，周恩来作副报告。他与博古的态度截然不同，明确承认导致第五次反“围剿”失败的主要原因是战略战术的错误，并且主动地承担了责任。他也批评了博古，批评李德所提倡的“短促突击”和同强大敌人硬拼消耗的错误。他讲了以后，情况一下子就变了。周是“三人团”成员之一，但毕竟同博古、李德不一样，有丰富的实际经验，在实践中已经逐渐看清楚不能再照原来那样走下去了，这在黎平会议上已表现得很明显。他出以公心，不计较个人得失的这种正确态度，我觉得对扭转会议形势也起了关键性的作用。如果没有他站出来，会议要取得这样大的成功是不容易的。

在博古和周恩来报告后，张闻天作了“反报告”，首先提出：“博古同志的报告基本上不正确的”，因为他“不认识与不承认”“战略战术基本上错误的。”闻天同志的“反报告”实际上代表了毛主席、王稼祥和他三个人的看法，而以毛主席的观点为主导。接着是毛主席发言。他成竹在胸，侃侃而谈，说理透辟，语言幽默，时间长达一个多小时。他发言的内容，着重批判军事路线上的错误，同时对政治路线也涉及了。他说：为什么会产生错误的军事路线？是因为错误地估计政治形势，过分夸大国民党统治的危机和革命力量的发展，忽视革命的长期性和不平衡性。随后是王稼祥、朱德和各军团的同志发言。除凯丰外，没有一个人站在博古这一边。

会议共开了三天。因为蒋军吴奇伟部已经到达乌江，正向我六师进攻，彭总不得不赶回指挥部，在会上没有来得及作系统的发言，但他在广昌战役失败时已经当面指斥李德是“崽卖爷田心不疼！”所以他在会后说：一切都高兴，非常拥护。

会议期间由小平同志担任记录，可惜迄今为止，会议记录和闻天同志的发言提纲没有找到，但发言的基本内容已经包括在闻天同志起草的遵义会议决议和陈云同志的《遵义政治局扩大会议传达提纲》中了，这是关于这次会议内容的最重要的文字依据。

我是1934年1月到三军团的，过去没有学习过军事，到军队工作时间不长，又没有参加毛主席领导下的第一、二、三次反“围剿”战争，但是，在遵义会议上，在两条军事路线的强烈对比中，我深刻地体会到以毛主席为代表的军事路线的英明正确。对我来说，参加遵义会议是上了极好的一课。后来，读到毛主席写的《中国革命战争的战略问题》，觉得非常亲切，越读越有味道。

遵义会议在组织上作了几点重要决定：一是毛泽东同志被选为常委；二是取消“三人团”，由朱总司令和周恩来总政委为军事指挥者，而周为“军事指挥上下最后决心的负责者”。取消“三人团”，实际上就是取消博古领导全党工作和李德指挥军事的权力。会上，许多同志要求毛主席代替博古领导全党工作，这是众望所归。但毛主席不愿意，说他身体不好，有病，所以决议上写了“常委中再进行适当的分工”，意思就是说领导班子的分工暂时还没有定。以后，常委进一步明确分工：一是在行军到川黔滇交界一个叫鸡鸣三省的地方时，由张闻天代替博古负总的责任，时间大约在1935年2月5日。因为当时没有设总书记，所以称“负总责”。二是确定毛主席为周恩来“军事指挥上的帮助者”，在渡乌江前又决定由周恩来、毛泽东、王稼祥组

遵义会议会址

成负责全权指挥军事的三人团。

遵义会议的气氛紧张而严肃，但进展非常顺利。博古和李德是批判的对象，博古承认了一些错误，没有说自己非常正确。凯丰不同意毛、张、王的意见，强调导致中央苏区失败的客观原因，而李德完全不同意对于他的批评。但绝大多数与会者感到欢欣鼓舞。会后，军委派了一个小分队给李德当警卫，大约有一个班，伍修权同志继续给他当翻译，陪着他。这个人最怕飞机了。德国人长得高，骑的又是一匹大白马，走起路来目标大，很显眼。后来到陕北的保安，请他到红军大学去当教员，他也愿意。1939年8月，恩来同志去苏联治伤，李德和恩来同志同机回到苏联。

遵义会议在整个中国革命历史中起了转捩的作用，在极端危急的情况下挽救了革命，挽救了党。如果按照原来的打法，红军在长征中很可能被消灭。它的最大的功劳是在实际上确立了毛主席在全党的领导地位。……

这次会议结束了“左”倾教条主义错误在中央的统治，第一次由中国党独立自主地解决中国革命中最重大的问题，把马列主义与中国革命实际一步步结合起来，这表明中国共产党走向成熟。

（摘自《杨尚昆回忆录》，中央文献出版社2001年版）

历史转折性的遵义会议 /伍修权

会议的促成和召开

长征开始以后，部队不断受到损失，士气十分低沉。首先在领导层中，对于当时的军事指挥错误就有议论，早已酝酿着不满。记得早在苏区第五次反“围剿”时，

伍修权

张闻天同志就曾对我说，李德这样指挥怎么行？这样能打胜仗吗？有一次军委开会时，张闻天同志严肃地批评了同敌人死拼的错误方针，造成了不应有的损失。结果引起了博古的不满，指责他的态度同普列汉诺夫对1905年俄国革命一样。张闻天当然不服，两人就争执起来。李德忙出来当“和事佬”，说这里的事情还是要他们这些从莫斯科回来的人办，他们不能自相磨擦。张闻天却不理这一套，对博古说，中国的事情不能全听李德的，应该自己有主张。由此可见，他后来能支持毛主席并不是偶然的。但是客观地讲，促成遵义会议的召开，起第一位作用的是王稼祥同

志。他当时是军委副主席、总政治部主任，因为负过较重的伤，身体很不好，在长征的行军途中，只得每天坐担架，同毛泽东同志在一起，在行军休息和宿营时，经常商讨当时的军事路线问题。经过不断交谈，王稼祥同志赞成了毛泽东同志的意见，随后他又同张闻天等同志交换了意见，大家都支持毛主席的主张。张闻天同志早对李德有意见，周恩来、朱德同志本来就很尊重毛主席，当然也是支持的。加之党内军内普遍感觉到中央的军事路线有问题，所以在长征行军途中，已为后来的遵义会议作了思想准备，所以毛主席得到大家的支持并不是偶然的。王稼祥同志第一个促成了会议的召开，张闻天同志也起了重要的作用。会议从酝酿准备到组织领导，李德就已经被排除在外了。

1935年1月，红军胜利攻占了贵州第二大城市遵义。中央决定，在遵义旧城一个军阀公馆的小楼上，召开政治局扩大会议，这就是著名的遵义会议。参加会议的有政治局委员博古、周恩来、毛泽东、张闻天、陈云和朱德同志。政治局候补委员王稼祥、刘少奇、邓发和凯丰，总参谋长刘伯承，总政治部代主任李富春也参加了会议。会议扩大到军团一级干部，有一军团长林彪、政委聂荣臻；三军团长彭德怀、政委杨尚昆；五军团政委李卓然，因为战事迟到，在会议开始后才赶到。邓小平同志先以《红星报》主编身份列席会议，会议中被选为党中央秘书长，正式参加会议。李德只是列席了会议，我作为他的翻译，也列席了会议。彭德怀和李卓然同志，因为部队又发生了战斗，会未开完就提前离开了。九军团长罗炳辉、政委蔡树藩因部队没有及时渡过乌江，未能参加会议。

会议过程中，因为中央政治局和军委白天要处理日常事务，一般都是晚饭后开始开会，一直开到深夜。会议前后共开了三次。开会的具体日期是在1月13日到15日。1月15日有份电报说，彭德怀同志已回前方，会议仍在进行。保存下来的遵义会议决议油印本上印的日期是1月8日，我看很可能是1月18日之误。因为1月8日部队刚进遵义，中央领导机关1月9日才进城。还没有来得及召开会议，决议不会那么早就作出来。会议开始还是由博古主持，他坐在一张长条桌子中间的位置上，别的参加者也不象现在开会有个名单座次，随便找个凳子坐下就是了。会议开了多次，各人的位置也就经常变动。会议的内容是解决军事路线问题，重点批判了"左"倾军事路线的错误，总结第五次反"围剿"的失败教训，揭露了军事教条主义的危害。会议的主报告是博古作的，他看出了当时的形势，对军事路线作了检讨，但也强调了许多客观原因，为错误作了辩护和解释。周恩来作了副报告，他一向谦虚，在报告中作了自我批评，主动承担了责任，表现出严于责己，宽以待人的态度。

毛主席稍后作了重要发言。通常他总是先听听人家的意见怎么样，等他一发言就几乎是带结论性的了。这次他讲了大约有一个多小时，同别人的发言比起来，算是长篇大论。他发言的主要内容是说，当前首先要解决军事路线问题，批判了"左"倾军事路线的错误和在各方面的表现，如防御时的保守主义，进攻时的冒险主义和转移时的逃跑主义；指挥者只知道纸上谈兵，不考虑战士要走路，也要吃饭，也要睡觉，也不问走的是山地、平原还是河流，只知道在地图上一划，限定时间打，当然打不好。他又用一、二、三、四次反"围剿"胜利的事实，批驳了用敌强我弱的客观原因为第五次反"围剿"失败作辩护的观点。毛主席的发言反映了大家的共同想法和正确意见，受到与会绝大多数同志的热烈拥护。

紧接着发言的是王稼祥同志。他旗帜鲜明地支持了毛泽东同志的意见，严厉批判了博古和李德在军事上的错误，拥护由毛泽东同志来指挥红军。张闻天和朱德同志也发言明确支持毛泽东同志。周恩来同志也表示完全同意毛泽东同志对“左”倾军事路线的批判，他又全力推举毛泽东同志领导我军的今后行动。他的倡议得到大多数与会者的积极支持。别人的发言在我印象中比较深的是李富春和聂荣臻同志。他们对李德那一套很不满，对“左”倾军事路线的批判很严厉，彭德怀同志的发言也很激烈，他们都积极支持毛泽东同志的正确意见。林彪本来是支持李德那一套的，会上被批判的“短促突击”，等等，也是林彪所热心鼓吹的，他曾写了《论短促突击》的文章，积极推行王明“左”倾军事路线。会议上虽然没有指名道姓地批判他，但是在第五次反“围剿”中，他确是王明路线的一员干将。他在会上实际也处于被批判的地位，所以他基本上是一言不发。聂荣臻同志长期与他共事，对他早就有所认识，那时就看出了他的毛病。别的同志在当时的形势下，也支持毛泽东同志的意见。

会上重点批判的是博古，同时批判了李德。因此，会议一开始，李德的处境就很狼狈，别人都是围着长桌子坐的，他却坐在会议室的门口，完全是个处在被告席上的受审者。我坐在他旁边，别人发言时，我把发言的内容一一翻译给他听，他一边听一边不断地抽烟，一支接一支地抽，垂头丧气，神情十分沮丧。由于每次会议的时间都很长，前半段会议我精神还好，发言的内容就翻译得详细些，后半段会议时精力不济了，时间也紧迫，翻译就简短些。会议过程中李德也曾为自己和王明等人的军事上的“左”倾教条主义错误辩护，说自己本来只是作为顾问提提建议，是中国同志自己搞坏了。他把责任推到临时中央及别人身上，不承认自己的错误，但毕竟是理不直，气不壮，没有说出什么东西。事后有人说他在会上发脾气，还把烤火盆也踢翻了，把桌子推翻了，这我没见到。当时会议的气氛虽然很严肃，斗争很激烈，但是发言还是说理的。李德本人也意识到已是“无可奈何花落去”，不得不听取大家对他的批判发言。

会议的结果

这次会议结束了王明"左"倾军事路线的领导，肯定了毛泽东同志关于红军作战的基本原则。会议推选毛泽东同志为政治局常委，取消博古和李德的最高军事指挥权，决定仍由中央军委主要负责人周恩来、朱德指挥军事。随后，根据会议精神，常委进行分工时，又由张闻天代替博古负总责，毛泽东、周恩来负责军事。在撤离遵义以后的行军途中，又组成了由毛泽东、周恩来、王稼祥参加的三人军事指挥小组，从而在实际上确立了毛泽东同志在全党、全军的领导地位，成为中国共产党和工农红军一个生死攸关的转折点。

这次会议对于"左"倾军事路线的错误，已经作出了结论，改组中央领导的决议，也已向部队传达。倒有一个人，最后还坚持错误的立场，力图为"左"倾错误辩护，他就是凯丰同志。他在会上态度就不够好，会后我又曾听他对博古说："对路线错误的批判，我还是接受不了，中央的大印不能就这样交出去！"博古同志虽然有错误，但他的态度还是照顾大局的。他说局势已经定了，不好再讲什么，中央的挑子（当时中央是有几担装有文件和党中央印章的挑子）还是要交出去。

在遵义会议上，李德被撤销了中央的军事顾问职权，1月19日撤出遵义，我还同他在一起。他自己提出要求跟一军团行动，中央同意后我随他到了一军团，过了桐梓，又继续前进。这时林彪同李德虽然不再多接触了，但李德要求到一军团来，显然还是对林彪感兴趣的。林彪交代军团管理科一个大个子科长照顾好李德的生活。每到宿营地，那个科长总是亲自为李德号房子，在最适中最安全的地点挑比较好的房子给他住。部队打土豪得来的东西，也给他提供最好的一份。

（节录自《我的历程（1908—1949）》，解放军出版社1984年版）

毛泽东在遵义会议进程中的作用及影响

/邸乘光

1935年的遵义会议，是新民主主义革命时期一次挽救党和红军命运、进而挽救中国革命命运的重要会议，是中国共产党历史上"一个生死攸关的转折点"。会议批评了第五次反"围剿"以来中共中央在军事领导上的错误，通过了《关于反对敌人五次"围剿"的总结的决议》，改组了中央领导机构，确立了毛泽东在党和红军中的领导地位。此次会议之所以能够取得如此重要的成果，与毛泽东在会议进程中的作用及影响是分不开的。

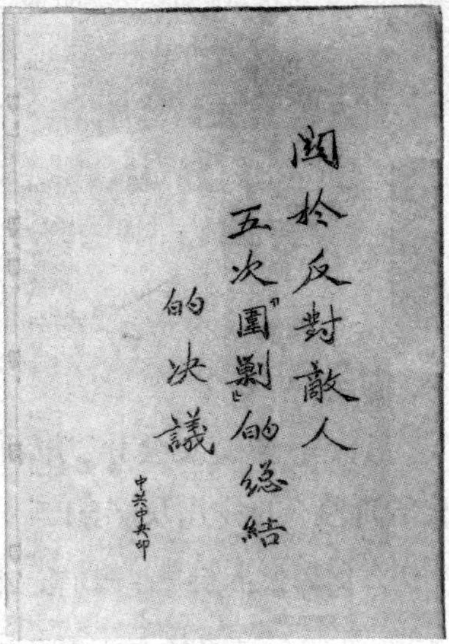

遵义会议决议

研究毛泽东在遵义会议进程中的作用及影响，涉及对遵义会议的界定。长期以来，人们习惯于把遵义会议界定为1935年1月15日至17日在遵义召开的中共中央政治局扩大会议。从狭义的角度讲，这当然是对的。但从会议主题确定和具体任务完成的角度讲，遵义会议实际上是以1935年1月15日至17日中共中央政治局扩大会议（即狭义的"遵义会议"）为主体和标志的系列会议组成的一个动态过程。有研究者提出"这个过程表现为酝酿准备、会议转折、延续完善三个阶段"。根据遵义会议的实际情况，笔者认同"三个阶段"的划分，并且认为如果将这三个阶段分别表述为"酝酿准备阶段"、"主体会议阶段"和"接续完成阶段"可能更为准确。下面，拟分别考察一下毛泽东在遵义会议各阶段的作用及影响。

一、毛泽东在遵义会议"酝酿准备阶段"的作用及影响

遵义会议的召开是具有必然性的。其必然性直接源于第五次反"围剿"的失败。1933年9月25日至10月间，蒋介石调集约100万兵力，向各革命根据地发动了第五次"围剿"。其中以50万兵力，采取持久战与堡垒主义的作战方法，重点进攻中央革命根据地。这时，毛泽东已经离开红军的领导岗位，临时中央直接领导这次反"围剿"斗争。由于"左"倾机会主义在红军中占据了统治地位，拒不接受毛泽东的正确建议，用阵地战代替游击战和运动战，用所谓"正规"战争代替人民战争，结果使红军完全陷于被动地位，使革命根据地受到重大损失。经过一年苦战，最后于1934年10月仓促命令中央领导机关和红军主力退出根据地，被迫实行战略大转移，并且在转移中又受到重创（到1934年11月突破敌人第四道封锁线，中央红军已从出发时的8.6万人锐减到3万余人）。因此，第五次反"围剿"以来的军事斗争需要总结，军事上、组织上"左"倾教条主义的错误需要纠正。这就是以总结军事斗争失败教训、纠正军事上和组织上"左"倾教条主义错误为主题的遵义会议召开的必然性。

从1934年10月中央领导机关和红军主力被迫实行战略大转

移，到1935年1月遵义会议正式召开之前的这一段时间，即为遵义会议"酝酿准备阶段"。在这个阶段，毛泽东做了大量的工作，包括指出第五次反"围剿"中李德、博古在军事指挥上的错误，争取大多数领导的觉悟与转变，赢得多数同志的理解与支持，客观上为遵义会议的成功召开起到了酝酿准备的作用。

中央领导机关和红军主力的战略大转移，是第五次反"围剿"失败导致的直接后果。而第五次反"围剿"失败则是由博古、李德的军事指挥错误造成的。在第五次反"围剿"斗争中，博古、李德放弃了在前四次反"围剿"中克强敌以制胜的运动战、游击战，而极力推行他们的"拒敌于国门之外"、"两个拳头打人"、"短促突击"、建立正规军打阵地战等一整套军事教条主义的错误方针，从而导致了第五次反"围剿"的失败和中央革命根据地的丧失。当时的情况正如李德自己后来所说的那样，作为军事顾问，"实际上我掌握了红军行动的决定权。这大大超出了我的工作范围，在客观上篡夺了红军在一年期间的指挥权。……最终我直接干预了指挥部和司令部的工作，我自己起草了作战文件。"对于党内军队内不断有人提出的不同意见"为维护自己的观点，我表现出过于固执和强硬，结果确实在中共中央书记博古同志支持下，其他意见受到压制，前线指挥官的提议也常常不予考虑"。"三人团"实际上由李德一人说了算。当时，一些红军将领还只是对李德的具体指挥表示不满，但毛泽东已经认识到了博古、李德军事思想上脱离实际的教条主义错误，并最早在红军和党的高级干部中帮助大家逐步认识博古、李德的军事指挥错误，为遵义会议的召开做了酝酿准备工作。

毛泽东很早就看出，第五次反"围剿"失败的根本原因在于"左"倾的政治路线，而这一错误路线的实质是教条主义。既然看出了问题，就要设法解决问题。

但毛泽东也清醒地认识到，要想结束"左"倾路线的统治，就必须解决领导权问题；而领导权问题的解决绝不能急于求成，只能水到渠成。首先必须争取张闻天（洛甫）、王稼祥两位同志，使他们从"左"倾路线中分化出来。1934年10月上旬，中央领导机关和红军主力转移出发前，"毛泽东得知张闻天对中央最高'三人团'将张闻天、毛泽东、王稼祥等政治局成员分散到各军团去有意见，立即向中央提议，转移时将他们安排在一起，'三人团'采纳了这个意见。当时张闻天对秦邦宪'左'倾错误的不满，在同毛泽东闲谈时说出来了。从此，张闻天同毛泽东接近起来"。

1934年10月18日傍晚，毛泽东等带着警卫班离开于都城，踏上了长征的路途。长征途中，毛泽东"同王稼祥、张闻天在一起行军或宿营，常常谈论党和红军的大事。进入湘南以后，开始对他们说明和分析第五次反'围剿'中李德、秦邦宪在军事指挥上的错误。王稼祥最先支持毛泽东意见，认为要扭转党和红军的危急局面，必须开中央政治局会议改变中央领导。张闻天也很快接受了毛泽东的主张，并且在中央政治局内开始反对李德、秦邦宪军事指挥错误方面的斗争。尔后，毛泽东又同周恩来、朱德等谈话做工作，得到了他们的支持"。

关于这一阶段的情况，张闻天在延安整风时写道："长征出发后，我同毛泽东、王稼祥二同志住一起，毛泽东同志开始对我们解释反五次'围剿'中中央过去在军事领导上的错误，我很快地接受了他的意见，并且在政治局内开始了反对李德、博古的斗争，一直到遵义会议。"对此，李德曾不满而无奈地指责毛泽东："他不顾行军的纪律，一会儿待在这个军团，一会儿待在那个军团，目的无非是劝诱军团和师的指挥员和政委接受他的思想。"

11月30日，毛泽东随军委第一野战纵队渡过湘江。渡江后，毛泽东旗帜鲜明阐明自己的观点和主张，坚决反对错误的军事指挥，并向中央提出讨论军事失败的问题。这集中地表现在遵义会议前在湖南通道、贵州黎平和瓮安猴场召开的三次重要会议上。

12月上旬，"红军翻越广西北部越城岭的老山界，进入苗族聚居区。从过老山界起，中共中央领导内部发生争论，毛泽东、王稼祥、张闻天开始批评中央的军事路线，认为第五次反'围剿'以来的失败是由于军事领导上的错误路线所造成的。同时，在红军战略转移的方向问题上，鉴于去红二、红六军团的道路上蒋介石已设置重兵，红军已失去到湘西的先机，毛泽东向中央建议：放弃去湘西同红二、红六军团会合的计划，改向敌人力量薄弱的贵州前进，到川黔边建立根据地。秦邦宪、李德不予采纳，而把希望寄托在与红二、红六军团的会合上"。

12月11日，中央红军占领湖南通道县城。12日，中共中央负责人在通道城（今县溪镇）恭城书院举行临时紧急会议，"讨论红军行动方向问题"。在这次会议上，"李德坚持红军主力北上湘西与红二、红六军团会合的原定计划。毛泽

长征途中，毛泽东同王稼祥、张闻天经常在一起分析形势，议论第五次反"围剿"中博古，李德在军事领导上所犯的错误，说服他们支持自己的正确主张。这是毛泽东和张闻天（左1）在一起

东从敌军重兵阻拦红军主力北上这一情况出发，力主西进，向敌人兵力薄弱的贵州进军”。经过激烈争论“王稼祥、张闻天和周恩来等多数人赞成毛泽东的主张，秦邦宪和李德仍主张北上与红二、红六军团会合”。关于通道会议讨论红军行动方向问题的情况，李德在《中国纪事》中写道：“在到达黎平之前，我们举行了一次飞行会议，会上讨论以后的作战方案。……我提请大家考虑：是否可以让那些在平行路线上追击我们的或向西面战略要地急赶的周部和其他敌军超过我们，我们自己在他们背后转向北方，与二军团建立联系。……在湘黔三省交界的三角地带创建一大片苏区”“毛泽东又粗暴地拒绝了这个建议，坚持继续向西进军，进入贵州内地。这次他不仅得到洛甫和王稼祥的支持，而且还得到了当时就准备转向‘中央三人小组’一边的周恩来的支持。因此，毛的建议被通过了”。

随后，红军主力西进，12月15日攻占贵州黎平。17日，毛泽东到达黎平县城。18日，中共中央政治局在黎平召开会议，“继续讨论红军行动方针问题”。会上，博古等人“仍坚持由黎平北上湘西与红二、红六军团会合，创造新的根据地。毛泽东主张继续向贵州西北进军，在川黔边建立根据地。经过激烈争论，王稼祥、张闻天等多数人赞成毛泽东的意见，主持会议的周恩来决定采纳毛泽东的意见，西进渡乌江北上。会议通过《中央政治局关于战略方针之决定》”，并“根据中央领导人内部存在争论的情况，决定到遵义地区后开会总结第五次反‘围剿’以来军事指挥上的经验教训”。

12月下旬，毛泽东从黎平出发，于月底到达瓮安县猴场（今草堂塘）。1935年1月1日，中共中央政治局在猴场召开会议。毛泽东“重申红军应在川黔边地区先以遵义地区为中心建立新的根据地的主张。多数与会者赞同这个意见，再次否定李德、博古提出的‘完全可以在乌江南岸建立一个临时根据地，再徐图进军湘西，与红二、红六军团会合’的错误主张，决定红军立刻抢渡乌江，攻占遵义”。会议通过的《中共中央政治局关于渡江后新的行动方针的决定》强调指出：“首先以遵义为中心的黔北地区，然后向川南发展，是目前最中心的任务。”“军委必须特别注意敌情的分析研究，道路敌情的侦察，抓住反攻的有利时机，并不失时机的求得在运动战中各个击破敌人，来有把握的取得胜利。”同时还明确规定“关于作战方针，以及作战时间与地点的选择，军委必须在政治局会议上做报告。”这在实际上取消了以往李德独断专行的军事指挥权。

经过通道、黎平和猴场这三次会议，毛泽东的正确主张逐渐为多数人所接受，但是争论并没有结束。正如周恩来后来所说：“从黎平往西北，经过黄平，然后渡乌江，达到遵义，沿途争论更激烈。在争论过程中间，毛主席说服了中央许多同志，首先是得到王稼祥同志的支持，还有其他中央同志。”

1935年1月2日至6日，中央红军全部渡过乌江，向以遵义为中心的黔北地区挺进，并于7日占领遵义。9日，毛泽东随军委纵队进驻遵义。随后，“毛泽东、王稼祥等向中共中央提出，立即准备召开政治局扩大会议”。伍修权后来回忆说：“这时王稼祥、张闻天同志就通知博古同志，要他准备在会议上作关于第五次反‘围剿’的总结报告，通知周恩来同志准备一个关于军事问题的副报告。”

与此同时，“毛泽东、张闻天、王稼祥也认真准备发言。经过共同讨论，由张闻天执笔写出一个反对‘左’倾教条主义军事路线的报告提纲。毛泽东过去在开会时一般都是即席发言，这次也写出一个详细的发言提纲”。

至此，遵义会议的准备工作已全部就绪。而在这整个酝酿和准备过程中，毛泽东始终发挥着主导作用和重大影响，既为遵义会议的成功召开准备了必要的条件，包括奠定了思想认识基础，确定了正确的会议主题，明确了会议的主要任务，同时也为开好这次会议指明了目标和方向。

二、毛泽东在遵义会议“主体会议阶段”的作用及影响

1935年1月15日至17日，中共中央在遵义召开政治局扩大会议。人们通常所说的遵义会议即狭义的“遵义会议”，指的就是这三天的会议。而如果根据整个会议的实际情况，把遵义会议视为一个由“酝酿准备”、“主体会议”等若干阶段组成的一个过程的话，那么，这三天的会议则属于遵义会议的“主体会议阶段”。在这一阶段，毛泽东仍然发挥了重要的作用及影响。

1月15日至17日的会议是在遵义城红军总司令部召开的。“出席会议的政治局委员有博古、周恩来、张闻天、毛泽东、朱德、陈云，政治局候补委员有王稼祥、邓发、刘少奇、凯丰，红军总部和各军团负责人有刘伯承、李富春、林彪、聂荣臻、彭德怀、杨尚昆、李卓然，还有中央秘书长邓小平，军事顾问李德及翻译伍修权也列席会议，共20人”。

博古主持会议“并作了关于第五次反‘围剿’的总结报告。他对军事指挥上的错误作了一些检讨，但主要还是强调种种客观原因。周恩来作副报告，提出第五次反‘围剿’失利主要原因是军事领导的错误，并主动承担了责任。随后，由张闻天代表他和毛泽东、王稼祥作联合发言，尖锐地批评‘左’倾军事路线”。

接着，毛泽东作了长篇发言。他指出，博古、李德在军事领导上的错误，是进攻中的冒险主义、防御中的保守主义和转移中的逃跑主义。第五次反“围剿”失败的主要原因决不在于客观，而是由于博古、李德实行单纯防御路线，在战略战术上犯了一系列错误。其主要错误有四点：第一个错误是以堡垒对堡垒。敌人采取堡垒主义是企图避免和我们打运动战，迫使我们进行阵地战。敌人到处建筑堡垒必然分散兵力，而且总不能老是待在堡垒里，更

不可能在全国各地都建筑起堡垒来。红军可以在堡垒线前后左右、四面八方打游击，也可以待敌人前进时在运动中消灭它，或转到堡垒线外广大无堡垒的地带活动，迫使敌人不得不同我们打运动战。第五次反"围剿"时运动战的机会很多，但都被白白地放弃了。单纯防御路线取消运动战，以堡垒对堡垒，并用所谓"短促突击"的战术来和敌人死打硬拼，这就使敌人堡垒主义战术达到了目的。"短促突击"的结果，使红军的有生力量受到了极大的损失。第二个错误是分散兵力。第五次反"围剿"中敌人分东西南北四路向根据地进攻。红军兵力比敌人少，应采取诱敌深入的方针，用次要兵力吸引和钳制敌人，而把主力隐蔽集结，待机突击。但博古、李德要"御敌于国门之外"，搞全线突击，分兵把口，节节抵御。分兵抵御使我们兵力分散，不能集中优势兵力打击敌人的弱点。相反，使我们的力量往往被敌人在某一方向上的"佯攻"所调动，处于被动的地位。许多军事指挥员对此提出过很多不同意见，建议集中红军主力打运动战。可惜完全不被采纳，失去了很多胜利的机会。第三个错误是没有在军事上利用国民党十九路军"福建事变"这一有利条件。博古、李德认为利用敌人内部的矛盾与冲突使自己转入反攻或进攻是冒险的行动，拒绝集中红军主力向赣东北突击的正确建议，相反把红三军团由福建西调至江西去攻打永丰等敌人的碉堡。坐等蒋介石在解决"闽变"后重新发动进攻，从而失去了粉碎第五次"围剿"的极好机会。第四个错误是战略转变上迟疑不决和实施突围时出动仓促。广昌战役后，红军在内线作战已失去取胜的可能性，这时应坚决地实行退却，将红军转移到广大无堡垒地区，寻求有利时机，转入反攻。可是博古、李德犹豫不决，直到制定《八、九、十三个月战略计划》时才提出战略转移的问题，开始做退出苏区的准备。然而，这一计划又同当时应取的战略方针相反，依然要求红军死打硬拼，以求得重大胜利。结果，又使红军消耗了大量有生力量。此外，在实施突围时，毫无章法，出动仓促，使红军战略突围行动变成了一种惊慌失措的逃跑与搬家式的行动。庞大的后方机关给行军作战带来困难，使所有部队变成掩护队，从而处于被动地位，遭到敌人打击，使红军减员到空前的程度。同时，毛泽东还比较系统地阐述了中国革命战争的战略战术问题和此后在军事上应该采取的方针。

随后，王稼祥在发言中也批评了博古、李德的错误，支持毛泽东的正确意见。周恩来、朱德、刘少奇等多数与会同志相继发言，不同意博古的总结报告，同意毛泽东、张闻天、王稼祥提出的提纲和意见。只有个别人在发言中为博古、李德的错误辩解。李德坚决不接受批评。

对此，陈云在《遵义政治局扩大会议传达提纲》中写道："扩大会中恩来同志及其他同志完全同意洛甫及毛王的提纲和意见，博古同志没有完全彻底地承认自己的错误，凯丰同志不同意毛张王的意见，A同志完全坚决的不同意对于他的批评。"

三天的会议，包括博古的正报告，周恩来的副报告，张闻天的反报告，毛泽东、王稼祥、朱德、刘少奇以及凯丰等人的发言，他们代表了参会人员的各个方面，表明了各自的立场和观点。经过摆事实，讲道理，充分发扬民主，开展批评与自我批评，坚持真理，修正错误，基本形成了共识，加强了团结，维护了大局，取得了极其重要的成果，标志着此次会议的巨大成功。其主要成果集中表现为统一思想认识和调整充实组织两个方面。

在统一思想认识方面，就是通过总结第五次反"围剿"以来军事斗争的经验教训，分析和批评第五次反"围剿"以来军事领导上的错误，纠正了错误的军事路线，确立了正确战略方针。"扩大会议指出军事上领导错误的是A、博、周三同志，而A、博两同志是要负主要责任的”；“党内对于军事领导上错误的纠正，不是党内的分歧，相反的更加团结，使军事领导走上正确的道路，使党与军委的威信更加提高”；“在反对军事领导上单纯防御路线时，必须坚决地反对一切右倾机会主义的倾向”。会议还指定张闻天起草会议决议，以便通过决议的形式，进一步巩固和扩大此次会议形成的共识。

在调整充实组织方面，就是在解决思想认识问题的基础上，根据中央领导工作、特别是军事领导工作的客观需要，对中央领导机构和军事指挥机关进行了调整和充实。会议决定：“毛泽东同志选为常委”；“常委中再进行适当的分工”；“取消三人团，仍由最高军事首长朱周为军事指挥者，而恩来同志是党内委托的对于指挥军事上下最后决心的负责者。”这里最重要的就是毛泽东进入中央核心领导层。

在遵义会议的主体会议阶段，毛泽东在其中所发挥的作用及影响仍然是主导性的。首先，毛泽东在会议酝酿准备阶段所做的工作，在这一阶段仍发挥着重要的作用及影响；其次，毛泽东在会议上的长篇发言，以及张闻天反对“左”倾军事错误的报告（其中主要是毛泽东的观点和意见），既是此次会议能够形成共识的重要基础，同时也是所形成共识的主要内容。再次，毛泽东的卓越的领导才能和军事指挥才能及其在党内军内的广泛影响，与博古、李德在领导和军事指挥上的错误及其造成的严重危害，形成了鲜明的对照，这对会议作出让毛泽东进入党和红军的核心领导班子的决定，也是一个非常重要的因素。所以，此次会议，无论是统一思想认识方面的成果还是调整充实组织的成果，都反映了毛泽东所发挥的主导性作用及影响。

三、毛泽东在遵义会议“接续完成阶段”的作用及影响

总结第五次反“围剿”以来军事斗争的经验教训，批评和纠正博古、李德在军事领导上的“左”倾错误，改组中央和军委领导机构，作

为遵义会议的主要任务，应该说在1935年1月15日至17日的中共中央政治局扩大会议即遵义会议的"主体会议阶段"已经基本完成了。但是，由于当时处于险恶的战争坏境之中，有一些本应在这次会议上完成的工作，如通过会议的有关决议、进行新的常委分工、明确新选常委毛泽东的具体职责等，并没有在这一阶段的会议上完成。这样，也就自然会形成遵义会议的第三个阶段——"接续完成阶段"。在这一阶段，主要包括在扎西和苟坝召开的与遵义会议紧密相关的重要的中央政治局会议，具体时间是从1935年1月19日至3月11日。在这一阶段，毛泽东也发挥了主导作用和重要影响。

1月19日，中央红军离开遵义后，一渡赤水，再进入四川、云南。从2月5日至9日，中央政治局先后在云南扎西地区（今威信）连续召开了几次会议(统称扎西会议)，其中与遵义会议直接相关的重要会议有两次。一次是2月5日的会议。遵义会议增选毛泽东为中央政治局常委，决定"常委中再进行适当分工"，但并未来得及分工，也没有明确新选常委毛泽东的具体职责。2月5日，毛泽东等到达川、滇、黔边界一个鸡鸣三省的村子（一般认为在云南威信县水田寨附近），中央政治局常委进行了分工。首先是张闻天提出变换中共中央领导的问题。于是，毛泽东找来周恩来，同他谈这个问题。对此，周恩来在1972年6月10日中共中央召集的批林整风汇报会上说："洛甫那个时候提出要变换领导，他说博古不行。我记得很清楚，毛主席把我找去说，洛甫现在要变换领导。我们当时说，当然是毛主席，听毛主席的话。毛主席说，不对，应该让洛甫做一个时期。"在这次会议上"根据毛泽东的提议，决定由张闻天代替博古负中央总的责任（习惯上也称之为总书记）；决定以毛泽东为周恩来在军事指挥上的帮助者，博古任总政治部代理主任"。

另一次是2月8日的会议。前已述及，遵义会议最后做出的"四项决定"之一，就是"指定洛甫同志起草决议"。张闻天在会后根据与会多数人特别是毛泽东发言的内容，起草了《中共中央关于反对敌人五次“围剿”的总结的决议》。“决议充分肯定毛泽东等指挥红军多次取得反‘围剿’胜利所采取的战略战术的基本原则，明确指出博古、李德‘在军事上的单纯防御路线，是我们不能粉碎敌人五次“围剿”的主要原因’”。在敌大我小、敌强我弱的条件下，“我们的战略路线应该是决战防御（攻势防御），集中优势兵力，选择敌人的弱点，在运动战中，有把握的去消灭敌人的一部或大部，以各个击破敌人，以彻底粉碎敌人的‘围剿’。然而在反对五次‘围剿’战争中却以单纯防御路线（或专守防御）代替了决战防御，以阵地战堡垒战代替了运动战，并以所谓‘短促突击’的战术原则来支持这种单纯防御的战略路线。这就使敌人持久战与堡垒主义的战略战术达到了他的目的，使我们的主力红军受到部分损失并离开了中央苏区根据地。应该指出，这一路线，同我们红军取得胜利的战略战术的基本原则，是完全相反的”。决议还指出，博古、李德“在战略转变与实行突围的问题上同样是犯了原则上的错误”。首先，“当我们看到在中央苏区继续在内线作战取得决定的胜利已经极少可能以至最后完全没有可能时”，没有及时“转变我们的战略方针，实行战略上的退却，以保持我们主力红军的有生力量，在广大无堡垒地区寻求有利时期转入反攻，粉碎‘围剿’，创造新苏区与保卫老苏区”；其次，在突围中，他们“基本上不是坚决的与战斗的，而是一种惊慌失措的逃跑的以及搬家式的行动”。这个决议，于2月8日经政治局会议通过后印发。

此后，还有一次会议与遵义会议密切相关，这就是3月11日的会议。前面已经提及，遵义会议决定毛泽东增选为政治局常委，常委中再进行适当分工。2月5日的“鸡鸣三省”村会议虽然进行了常委分工，但是，作为新增选的政治局常委，毛泽东的“军事上的帮助者”的定位并不是职务，其具体工作也未明确。这个分工，特别是毛泽东在军事领导上的定位问题，实际上是直到3月11日，在遵义县苟坝召开的政治局会议上才最后明确下来的。

3月4日，中革军委发布命令："为加强和统一作战起见，兹于此次战役特设前敌司令部，委托朱德同志为前敌司令员，毛泽东同志为前敌政治委员，特令遵照。"5日清晨，毛泽东、朱德率前敌司令部离开遵义。10日，毛泽东"在狗坝（今苟坝）出席中共中央负责人会议，讨论进攻打鼓新场（今金沙县城）的计划。毛泽东认为，不能打固守之敌，不能'啃硬的'，应在运动战中消灭敌人。会上多数同志赞成进攻打鼓新场。晚上，毛泽东建议周恩来缓发作战命令。11日晨再次举行中央负责人会议，说服与会者放弃进攻打鼓新场计划"。对此，周恩来后来回忆说："从遵义一出发，遇到敌人一个师守在打鼓新场那个地方，大家开会都说要打，硬要去攻那个堡垒。只毛主席一个人说不能打，打又是啃硬的，损失了更不应该，我们应该在运动战中去消灭敌人嘛。但别人一致通过要打，毛主席那样高的威信还是不听，他也只好服从。但毛主席回去一想，还是不放心，觉得这样不对，半夜里提马灯又到我那里来，叫我把命令暂时晚一点发，还是想一想。我接受了毛主席的意见，一早再开会议，把大家说服了。"会后，"中革军委给各军团发出《关于我军不进攻新场的指令》的电报，避免了一次将要发生的重大损失。毛泽东从这件事中得到一条教训：作战不能再像过去那么多人来集体讨论，还是成立一个几个人的小组。经他提议，中央决定成立毛泽东、周恩来、王稼祥组成的新三人团，全权指挥作战，以周恩来为团长"。这样，毛泽东的分工终于得到落实，有了军事指挥的身份与职权。

至此，遵义会议通过的会议决议、常委再进行适当分工等四条决定，已经全部实现，遵义会议的主要任务已经完成。

（节录自《毛泽东研究》2015年第1期）

在历史转折关头的张闻天 /程中原

黄平桔园谈话，张闻天提议毛泽东出来指挥军事

深秋，贵州黄平一个桔子园里。两副担架抬进园来，并排放在树下。担架颇为别致，上面有油布做成的半圆形的顶盖，可以抵挡日晒雨淋。担架上躺着两个“眼镜”：一个张闻天，一个王稼祥。

此时，他们都无心观赏桔园秋色，头靠头说起话来。

王稼祥问：“这次转移的最后目标，中央究竟定在什么地方？”

张闻天

这一天是12月20日。前两天，即18日，中央刚在黎平开过政治局会议，张闻天和毛泽东一起同博古等展开了激烈的争论。会议作出《中央政治局关于战略方针之决定》，否定了李德、博古坚持去湘西的方针，决定在“川黔边

地区，在最初应以遵义为中心之地区”建立根据地。所以，王稼祥对近期目标是明确的，他要问的是“最后目标”。

张闻天回答说：“也没有个目标。”

张、王二人就突围西征以来的军事指挥，特别是湘江战役的惨败，议论了一番。张闻天对博古、李德的指挥完全失望了，他对王稼祥说：“这个仗，看起来这样打下去不行。”

王稼祥为之一震，亟待了解下文。

一阵沉默之后，张闻天又悄悄地对王稼祥说：“毛泽东同志打仗有办法，比我们有办法。我们是领导不了了，还是要毛泽东同志出来。”

这是张闻天深思熟虑之论，声音压得很低。

王稼祥对毛泽东是非常了解的。他觉得，张闻天这个提议太重要了。事不宜迟。当天晚上，王稼祥就打电话告诉彭德怀，然后又告诉毛泽东。这消息在刘伯承、左权等几位将领中一传，他们都赞成开个会，让毛泽东出来指挥。

张闻天与王稼祥的黄平桔园谈话，是召开遵义会议、确立毛泽东领导地位的具有决定意义的准备。

张闻天非常谦虚，从来不提此事。事过55年后，当年指挥突破乌江的红一军团二师团团长耿飚，才把这一重要史实讲了出来。并以历史见证人的姿态，对张闻天此举的贡献作了如下评价：“闻天同志那时是中央政治局委员，书记处书记，相当于现在的政治局常委。他在当时中央的这个职务，是长征路上最先起来反对错误军事路线的三个人（毛泽东、张闻天、王稼祥）中最高的。认真想起来，遵义会议如果没有张闻天首先在中央提出这个问题来，会议就不可能开，事实上，如果他不提出来，也没有别人敢提呀，过去苏区多少同志因为提不同意见就挨整呀。如果谁也不提，毛主席也出不来，我们红军就不可能胜利到达陕北，也就不可能有后来的发展。”

从联名出书到批“左”反“左”，心仪已久的毛泽东与张闻天配合默契

1934年10月长征出发后，张闻天跟毛泽东走到一起。这时，他们已经在同“左”倾错误的矛盾斗争中，取得一致，建立起了深厚的战友情谊。

毛泽东张闻天会面是在1933年之春，但他们心仪已经很久很久了。早在1920年初，他们两个人的名字和简况就同时登载在很有影响的一份刊物《少年中国》上。他们都是当时刚被吸收参加这个青年进步组织的成员。

1934年2月第二次全国苏维埃代表大会后，毛泽东任中华苏维埃共和国中央执行委员会主席，张闻天当选人民委员会主席。张闻天搬到沙洲坝，与毛泽东的办公地点和住地都紧靠在一起。在工作和斗争中，毛张二人开始了愈来愈密切的合作。

在第二次全国苏维埃代表大会召开前夕，张闻天就在他主编的《斗争》杂志上开始连载毛泽东的长冈乡调查和才溪乡调查。此后，张闻天主动地、自觉地学习毛泽东的方法，研究苏维埃的工作。1934年4月，标明“张闻天、毛泽东合著”的《区乡苏维埃怎样工作》一书正式出版。在当时党内，毛泽东是“左”倾中央领导所不喜欢的人，而张闻天如此善待毛泽东，实在难得。联名出书这件事，更是毛张合作的一个标志。

接踵而来的是广昌战役。李德、博古准备组织广昌战役时，张闻天和毛泽东不约而同，一致采取反对态度。认为不能同敌人拼消耗。广昌战役失败后，张闻天在中革军委会上对错误军事指挥提出严厉批评，引起同博古的激烈争论。毛泽东当然是支持张闻天的。

此后，张闻天发表了不少批评“左”倾错误的文章，思想同毛泽东越来越接近。8月1日敌机轰炸瑞金后，毛、张二人都迁到云石山古寺，同住堂屋两侧厢房。在长征出发前的一天，他们两人在云山古寺的黄槲树下坦诚交谈。张闻

天把反对"左"倾中央领导的不满和意见，向毛泽东倾诉。毛泽东也对"左"倾错误作了分析。从此以后，他们的合作进入了一个全新的阶段。

长征出发前夕，张闻天写了一篇署名社论《一切为了保卫苏维埃》，实际上发出了红一方面军长征的宣言书和动员令。这篇文章提出的中国革命战争是长期的死战，应该根据实际情况采取进攻、反攻、防御、退却等多种斗争方式，可以转移地区以保存有生力量等观点，以及对错误军事路线的尖锐明确的批评，实际是毛泽东军事思想的概括，也清晰地说明张闻天已经摆脱了"左"倾错误的桎梏，走到了毛泽东为代表的正确路线的一边。

踏上长征路，毛泽东、张闻天、王稼祥一起行军，一起宿营。毛同张、王一路上充分讨论第五次反"围剿"和此次突围西征中军事指挥上的错误，张闻天系统接受了毛泽东的观点，也更加佩服毛泽东了。

由于博古、李德的错误指挥，红军在湘江战役损失惨重，陷入困境。

在严重挫折面前，博古一筹莫展，李德老发脾气。毛泽东、张闻天等感到对中央错误领导不能再保持沉默了。

12月初，部队翻越了老山界，在湖南、广西、贵州交界的崇山峻岭中逶迤行进。一路上，张闻天配合毛泽东，同博古、李德就红军战略行动方针问题展开了争论。通过争论，毛泽东的正确主张越来越为政治局多数人所了解和接受。至周恩来主持黎平会议，终于作出了正确的决策。

可是，李德对黎平会议争论的失败非常恼怒，他和博古不甘心放弃错误战略方针。张闻天对此深为焦虑。12月12日在湘西通道举行的紧急会议上，已经作出过向贵州"转兵"的决定，并发布了入黔的命令。可是博古、李德固执己见，硬是重发命令，仍要向湘西进兵，朝蒋介石已经张开的口袋里钻。可见，军事指挥大权继续掌握在博古、李德手中，错误指挥就很难避免。张闻天深谋远虑，故而提出变换军事领导，请毛泽东出来指挥军事这一决定革命前途与命运的重要意见。

十天以后，1935年元旦，中央政治局在贵州瓮安县的猴场开会（史称"猴场会议"），决定强渡乌江，挺进遵义。

在前往遵义的行军路上，中央决定，停止李德对红军的指挥权。

所有这一切，成为遵义会议的前奏。

在历史转折的关键时刻，张闻天作"反报告"，毛泽东作重要发言

1935年1月15日晚，枇杷桥柏公馆二楼东厢房的玻璃罩吊灯点亮，决定中国革命前途和命运的遵义会议——中央政治局扩大会议开始举行。

会场不大，中间放着一张栗色长条桌，四周围着一些木椅、藤椅和长凳。会议由博古主持，他坐在长条桌的中间。参加会议的有中央政治局委员张闻天、周恩来、毛泽东、朱德、陈云，政治局候补委员王稼祥、刘少奇、邓发、凯丰，红军总部负责人刘伯承、李富春，一军团负责人林彪、聂荣臻，三军团负责人彭德怀、杨尚昆，五军团负责人李卓然（因故迟到）和共产国际派来的军事顾问李德。到会的还有中央队秘书长邓小平和为李德当翻译的伍修权，参加者随便找地方坐。聂荣臻脚伤未愈，坐担架赴会。王稼祥腹部伤口没有好，不能久坐，躺在一张藤椅上。李德处在被批评的地位，挑靠门的地方坐着，时值隆冬，会议又在晚上，屋里生了木炭火盆，还算暖和。

遵义会议的主要议题是"检阅在反对五次'围剿'中与西征中军事指挥上的经验教训"。在博古作第五次反"围剿"总结报告和周恩来作副报告以后，第一个站出来讲话的，就是张闻天。这一重要的历史事实，一直鲜为人知。直到50年后，才由与会者之一的杨尚昆公开发表文章予以说明。其实，毛泽东在1960年7月周恩来作报告谈及这段历史时就插话说得分明：

"遵义会议他（指张闻天）作反报告。"周恩来立即接着说："博古作报告，他作反报告。"

张闻天手里拿着经过三人讨论、事先写好的报告提纲，用他那带着浓重浦东口音的官话，作了这个具有历史意义的反对中央领导单纯防御军事路线的报告，旗帜鲜明而有系统地批评了第五次反"围剿"和长征途中军事领导的"左"倾错误。在遵义会议的参加者中，张闻天在党内的地位仅次于博古，因此由他首先站出来作"反报告"，分量很重。他的"反报告"，为彻底否定单纯军事防御路线定下了基调，实际上宣告了第三次"左"倾路线的破产。

紧接着毛泽东作了重要发言。他讲了一个多小时，深刻地分析了"左"倾错误军事路线的症结所在。

王稼祥接着发言，有力地支持张闻天的"反报告"和毛泽东的发言。

张闻天按照预先准备好的提纲作的"反报告"，毛泽东和王稼祥的发言，得到周恩来、朱德和其他与会同志的赞同。

遵义会议从15日到17日开了三个晚上，作出了极为重要的决定。

在遵义会议上，毛泽东被选为常委，进入领导核心。确立了毛泽东在党和红军中的领导地位。

遵义会议决定取消最高"三人团"，这就正式撤销了共产国际派来的顾问李德的军事指挥权。以此为起点，中国共产党开始独立自主地解决中国革命的问题。

遵义会议"指定洛甫同志（按：张闻天当时在党内通用的化名）起草决议"，"常委中再进行适当的分工"，这就意味着撤销博古

毛泽东

的军事领导权，并解除他的党中央总负责人的职务。

遵义会议的胜利，是中央政治局和各军团领导同志团结斗争的结果，在这中间，毛泽东、张闻天的公开配合，起到了关键的作用。张闻天回顾遵义会议时，对遵义会议的历史意义、毛泽东的功绩和自己的贡献，曾作过这样的评价："遵义会议在我党历史上有决定转变的意义。没有遵义会议，红军在李德、博古领导下会被打散，党中央的领导和大批干部会遭受严重损失。遵义会议在紧急关头挽救了党，挽救了红军，这是一。第二，遵义会议改变了领导，实际上开始了以毛泽东同志为领导中心的中央的建立。第三，遵义会议克服了'左'倾机会主义，首先在革命战争的领导上。第四，教条宗派开始了政治上组织上的分裂。这个会议的功绩当然属于毛泽东同志，我个人不过是一个配角而已。"毛泽东谈到遵义会议时，也充分肯定张闻天的历史功绩，他说："遵义会议是一个关键，对中国革命的影响非常之大。但是，大家要知道，如果没有洛甫、王稼祥两位同志从第三次'左'倾路线分化出来，就不可能开好遵义会议。同志们把好的账放在我的名下，但绝不能忘记他们两个人。"

毛泽东支持张闻天烧了"三把火"

遵义会议对党内总负责人的职务交接问题没有作出决定，只说常委中再进行适当分工。张闻天正式取代博古担任党内最高领导职务，是在中央红军一渡赤水河，向扎西集中的征程中完成的。

1935年2月5日，中央纵队行军到达云贵川交界之地的云南威信县水田寨附近。部队本想在水田寨驻扎，但这个镇上的敌人，据守堡垒顽抗，我先头部队久攻不克，只得到街西面的小村寨高坎、花房子等地宿营。当晚，张闻天召开常委会讨论分工，在毛泽东、周恩来的支持下，确定由张闻天取代博古，在党内负总责。

俗话说："新官上任三把火。"

张闻天受命于危难之际，他接任党中央总负责人（习惯称为“总书记”）的职务之后，即在毛泽东等支持下，团结中央政治局和军委，烧了“三把火”。在向扎西行军途中，短短十天左右，办了三件大事：

一、讨论通过了张闻天起草的《遵义会议决议——中共中央关于反对敌人五次“围剿”的总结决议》。这个决议是反“围剿”战争经验教训的历史总结，是党和军队集体智慧的结晶，是以毛泽东军事思想为主导又是对毛泽东关于中国革命的战略战术的第一次系统论述。2月8日通过决议后，张闻天即于10日在扎西中央军委纵队干部会上作了传达报告。

二、关于中央红军的战略方向，根据变化了的情况，经讨论决定放弃原定渡河计划，回兵黔北，“以川滇黔边境为发展地区”。与此同时，又作出了红军部队实行缩编的决定，要求通过缩编加强各连队的战斗力。除向部队领导机关发出命令外，2月16日中共中央和中革军委发布了《告全体红色指战员书》，传达“转兵”“缩编”重大决策，正面阐述《遵义会议决议》中关于运动战的原则。这一切为二渡赤水，重占遵义，取得长征以来第一次大胜利，奠定了基础。

三、对于中央苏区和二、六军团的战略问题和组织问题，及时讨论作出决定。对于四方面军，及时电告了中央红军战略方向的改变。《遵义会议决议》通过后，即分别向中央苏区和二、六军团电告详情或要点，指示他们从实际出发实现战略方针的转变。在传达贯彻决议的过程中，相当及时地建立起了新的中央领导同各主要苏区和各红军部队之间的关系，为集中统一领导确立了基本的组织保证。

张闻天就职以后的作为，显示了他卓越的领导才能和良好的民主作风。毛泽东由衷地称赞他是“明君”。

张闻天拥护毛泽东担任军事统帅

长征中最为生死攸关的是军事。张闻天从实践中认识到毛泽东是我们党最为卓越的军事家，军事才能远在自己之上。所以，他担任党内最高领导职务后，即不遗余力地拥护毛泽东担任军事统帅，确立毛泽东的军事领导地位。

遵义会议选举毛泽东为常委，第二天召开政治局会议，对常委分工，决定"泽东同志为恩来同志的军事指挥上的帮助者"。从此，毛泽东重又回到军队的领导岗位，直接参与对中央红军的军事指挥。

二渡赤水，再占遵义后，张闻天从战争实践中更加相信、佩服毛泽东的战略战术原则和军事指挥才能，认为比较起来，毛泽东在前方指挥战斗更有把握。3月初在遵义，张闻天即提议成立一个前敌司令部，请毛泽东担任前敌总指挥，得到周恩来、朱德等赞同，正式发布了命令。这就把前方机动灵活地指挥战役的权力交给了毛泽东。

此后没有几天，为要不要进行打鼓新场战斗发生了争论。战场情况很快证明，真理掌握在这场争论的少数即毛泽东的手里。张闻天毫不犹豫地采纳毛泽东的意见，3月12日在苟坝附近召开的中央政治局会议上正式提议，成立一个新的"三人团"（又称"三人军事领导小组"），全权指挥军事，成员为周恩来、毛泽东、王稼祥。此议通过，毛泽东进入当时最为重要的军事领导机构，成为实际上的中央红军的军事统帅。

遵义会议标志着中国共产党从幼稚走到了成熟。遵义会议后，中共中央领导红军战胜了国民党反动派的围追堵截，战胜了张国焘的右倾分裂，取得了长征的伟大胜利。领导中国共产党和红军实现了从土地革命战争到抗日战争的战略转变，制定了抗日民族统一战线的策略，促成了西安事变的和平解决，实现了第二次国共合作，继纠正王明的"左"倾冒险主义后又战胜了王明的右倾投降主义，独立自主地创建了抗日根据地，发展壮大了人民武装力量，使中国共产党成为一个全国范围的、广大群众性的党，从而奠定了抗日战争胜利的基础。

周恩来对遵义会议的历史贡献 /苏莉莉

遵义会议是长征中最重要的历史事件，它结束了“左”倾错误路线在党中央的领导，确立了毛泽东在党和红军中的领导，在极其危急的情况下，挽救了党、挽救了红军，挽救了中国革命，成为党的历史上一个生死攸关的转折点。一般认为，毛泽东、王稼祥、张闻天对遵义会议的胜利召开起了重要作用，但我们应该看到，长征的主持筹划工作是由“三人团”负责的，作为“三人团”成员之一，周恩来在党和红军中的身份和地位重要而特殊。周恩来以其实际参与领导红军长征和直接指挥作战的核心领导人的身份和地位，对遵义会议的召开作出了重要的贡献。

周恩来

周恩来主持召开的几次重要中央会议，采纳了毛泽东改变战略方向的正确主张，为遵义会议的召开奠定了基础

湘江战役后，红军跳出了敌人的重围，但红军的处境仍很危

险，这时敌人已经判断出红军的行动意图，并在通往湘西的前进路上部署了重兵。但李德、博古坚持朝红二、六军团的方向前进，这无异于带领红军主力往敌人预先张好的口袋里钻，后果将不堪设想。在这个紧急的危险关头，毛泽东、王稼祥、洛甫向周恩来提出：鉴于在去红二、六军团的道路上蒋介石已设重兵，红军失去到达湘西的先机，建议转向敌人兵力薄弱的贵州进军，建立川黔边根据地。

1934年12月12日，中共中央负责人在通道召开会议，会议讨论了红军的行动方向问题。周恩来在会上表示支持毛泽东等向贵州进军的建议。这是毛泽东自宁都会议以后多次向中央提出建议头一次被采纳并起主导作用，其中周恩来的支持起了重要的作用。李德后来回忆说："（通道会议上）他（毛泽东）不仅得到了洛甫和王稼祥的支持，而且还得到了当时就准备转向'中央三人小组'一边的周恩来的支持。因此，毛的建议被通过了。"会后，周恩来具体部署和指挥了转兵贵州夺取黎平的战斗行动，使红军转兵迅速成为现实。

由于通道会议并未形成正式决定，而且博古、李德仍执意北上与红二、六军团会合，关于战略方针的争论仍在继续，于是占领黎平后，中央政治局12月18日再次举行会议，讨论红军今后的战略方针问题。会上展开了激烈的讨论，周恩来不顾李德和博古的反对，决定采纳毛泽东的意见，放弃了去湘西和红二、六军团会合的计划，而西进渡江北上。会议通过了《中央政治局关于战略方针之决定》，决定在以遵义为中心的川黔边地区建立新的根据地。此外还决定：鉴于中央内部有争论，会议决定到遵义地区后开会总结讨论反五次"围剿"以来军事指挥的经验和教训。因此，召开遵义会议就成为黎平会议的题中之义。陈云回忆说："遵义政治局扩大会议的召集，是基于湘南及通道的各种争论，而由黎平政治局会议所决定的。"

湘江之役的惨败在实际上标志着李德、博古军事领导的终结。

从那以后，以毛泽东为代表的正确路线开始占了上风。当时两条军事路线的分歧集中表现在坚持还是放弃到湘西的计划上，这在当时是决定红军生死存亡的关键。正是因为确定了红军前进正确的战略方向，使红军开始摆脱围追堵截，获得了相对稳定的环境和宝贵的时间，遵义会议才得以召开。

周恩来在纠正“左”倾军事路线，排除“左”倾指挥错误中起了关键的作用

遵义会议是一次检讨军事路线和军事领导的会议，没有对“左”的军事路线错误的认识，不排除错误的军事领导，是开不好的。纠正“左”的军事路线，排除李德的错误指挥从湘江战役后就开始的，周恩来主持的通道会议和黎平会议则通过党的决议的形式否决了李德的错误方针，完全采纳毛泽东的正确主张，并把它变为党的决议和红军的实际行动，对李德的指挥权提出了尖锐的挑战。但李德仍顽固坚持其错误主张，于是中央不得不于1935年1月1日召开猴场会议，批评了李德、博古坚持不过乌江，要回头和红二、六军团会合的错误主张。作出了《中央政治局关于渡过乌江后的行动方针的决定》，重申黎平会议的正确决定，其中明确指出：“关于作战方针以及作战时间与地点的选择，军委必须在政治局会议上做报告。”这样就从组织措施上排除了李德的军事指挥权，限制李德对中央政治局重大决策的干扰，为遵义会议的召开作了进一步准备。周恩来曾说：“经过不断斗争，在遵义会议前夜，就排除了李德，不让李德指挥作战，这样就开好了遵义会议。”

此外，由于周恩来对毛泽东旗帜鲜明的支持和周恩来在党内的重要决策地位，在纠正“左”的军事路线过程中，毛泽东的正确思想和路线逐渐被全党所理解和公认，这为遵义会议上毛泽东在党和红军中领导地位的确立奠定了基础。

周恩来是遵义会议的积极筹备者和组织者

首先，遵义会议是在周恩来的积极支持下召开的。遵义会议是由王稼祥和毛泽东商议后提出的，假使当时没有身为军委副主席、中央核心领导小组“三人团”成员之一的周恩来的支持，会议是开不起来的。

其次，为了开好遵义会议，周恩来及军委的其他同志作了大量的准备工作。从军委1935年1月10日和13日的电文中可以看到，军委对一、五、九军团的行动和此期间的任务都作了周密安排，包括自遵义会议召开期间各军团的指挥问题都作了部署。此外，在一些具体的事务性工作上周恩来也亲自过问，为遵义会议准备了会场并布置了警戒，以确保会议安全。进入遵义后，周恩来立即布置参谋人员打扫贵州军阀柏辉章的住宅，亲自落实布置会场。据有关人员回忆：“我们中午进屋后，周副主席上下巡视了一番，指出：‘作战科住在楼下，把楼上那间大房子打扫布置好，供开会使用。’下午，周副主席又亲自检查了一遍，表示满意。”据贺自珍回忆：“周副主席为了准备这次会议，熬了几个通宵。他不但要准备会议的报告，还打了好多电话，布置警戒。……最后，他累得趴在抓子上睡着了。”

最后，精心安排会议议程，拟定并通知参加会议人员，1月13日，在遵义会议召开的前一天，周恩来还亲自发电报给刘少奇、李卓然，通知他们参加15日的政治局会议，电文是：“卓然、少奇：十五日开政治局会议，你们应在明十四日赶来遵义城。恩来，二十四时”这是周恩来积极支持并且直接参加组织和筹备遵义会议的实证。

周恩来在遵义会议上作的自我批评，对遵义会议取得圆满成功起了重要的作用

在遵义会议上，博古作了报告，他强调红军不能粉碎第五次“围剿”的种种客观原因，来掩盖军事指挥上的错误。周恩来作副

报告，指出第五次反"围剿"失利的主要原因是军事指挥和领导上战略战术的错误，并主动承担责任，作了自我批评，同时批评了博古、李德的错误，表示完全同意毛泽东、洛甫、王稼祥提出的提纲和意见。

周恩来的自我批评，起了重要的作用。首先，对毛泽东的发言给予有力的支持。毛泽东发言主要批评博古、李德的军事路线错误，李德、博古是不接受的。作为军事指挥"三人团"的成员之一，周恩来如果也不承认军事指挥上的失误，毛泽东的意见将很难通过，党内斗争也会更加复杂。其次，对博古、李德起了分化作用，促使"三人团"的瓦解，促成了新的中央领导机构的产生。周恩来主动从内部站出来支持毛泽东，表明了他已经摆脱了李德、博古的束缚并同他们划清了界限。对于毛泽东、周恩来等的批评，李德表示坚决不接受，博古虽保留意见，但也不得不承认在个别战略和决策上的错误。这样就瓦解了"三人团"，促进了新的领导机构的产生。再次，维护了党的团结和统一。面对两种军事路线的分歧，周恩来采用了正确的党内斗争方法，主动承担军事指挥失误的责任并作了批评与自我批评，这种谦虚自责的态度和处理党内矛盾的方法，使全党团结在一起，维护了党的统一。最后，周恩来凭借他在党和红军的威望和影响，增强了反对错误路线和对毛泽东支持的力量，影响更多的同志转向毛泽东，从而为毛泽东正确路线在党内的确立奠定了基础。

全力推举毛泽东领导红军，对毛泽东在党和红军领导地位的确立起了关键性作用

1935年1月15日到17日的遵义会议上，在洛甫做的反对"左"倾军事路线的报告和毛泽东的长篇发言后，周恩来再次发言，表示完全同意毛泽东、王稼祥和洛甫提出的提纲和意见，并全力推举毛泽东出来领导红军今后的行动。他的倡议得到多数人的支持，于是毛

泽东被选为中央政治局常委，开始参与决策。由于当时的战争环境，政治局委员分散各地，中央政治局会议一般只有常委参加，由委员改为常委，就有了在中央发言的权利，就进入了领导层的核心。会议还取消了博古和李德的最高军事指挥权，在行军途中成立了以周恩来为首，毛泽东、王稼祥为成员的三人军事指挥小组，这是当时的最高统帅部。毛泽东在遵义会议后进入这个统帅部，表明确立了毛泽东在红军和党中央的领导地位，为毛泽东成为第一代中央领导集体的核心奠定了基础。这是周恩来为党的第一代领导集体的形成所作出的突出贡献，中国革命的转折也由此开始。

综上所述，周恩来为遵义会议作出了卓越的历史贡献。当时，没有身为军委副主席、中央核心领导小组"三人团"成员之一的周恩来的支持，会议是开不起来的；没有周恩来及时排除李德的"左"倾指挥，会议就不具备不可或缺的前提；没有周恩来的谦虚自责，主动承担责任的态度，会议也不会取得圆满成功；没有周恩来对毛泽东支持和全力推举，毛泽东的意见和主张根本不可能得到中央采纳更不可能转化为红军的实际行动，也不会有毛泽东在党和红军领导地位的确立。毛泽东也承认周恩来的这个贡献，他当时和后来跟许多人谈起过这一点。当时任红一师师长的李聚奎后来回忆说：一月底当红军准备渡赤水时，毛泽东对他谈了遵义会议的情况，说："这次会议开得好，恩来同志起了重要作用。"贺自珍回忆：毛泽东后来同她谈起遵义会议时说，"那时候争取到周恩来的支持很重要，如果周恩来不同意，遵义会议是开不起来的"。遵义会议参加者聂荣臻也这样写道："周恩来，王稼祥同志他们两个人的态度对开好遵义会议起了关键的作用。"由此可见，周恩来对遵义会议的贡献是不可磨灭的，是具有重大历史意义的。

（摘自《党史文苑》2006年第16期）

邓小平是否参加遵义会议引起的一场风波 /张 曙

邓小平的现场追忆引起了风波

邓小平参加了遵义会议，如今已是一个不争的事实。然而，围绕邓小平是否参加了遵义会议，20世纪五六十年代曾引起了一场不小的风波。

邓小平

1958年11月2日至5日，时任中共中央总书记、国务院副总理的邓小平到贵州视察指导工作。11月3日下午，他和时任中央书记处候补书记、中央办公厅主任杨尚昆在中共西南局第一书记李井泉等陪同下，专程参观了遵义会议会址。他不停地向随行人员讲述当年的情景，对遵义会议在哪间房召开，他坐在什么位置，都记忆犹新。他说："会议室找对了，我就坐在那个角里。后面原来是蒋家大院，大家都住在那里，现在没有房子了。那个院子的结构复杂，是几进的院子。"看到会议室外走廊上檐下

遵义会议参加者名单

中共中央政治局委员：毛泽东　张闻天　周恩来　朱　德　陈　云　秦邦宪

中共中央政治局候补委员：王稼祥　刘少奇　邓　发　何克全（凯丰）

红军总部和各军团主要负责人：

刘伯承（中国工农红军总参谋长）　李富春（中国工农红军总政治部代主任）
林　彪（红一军团军团长）　聂荣臻（红一军团政委）
彭德怀（红三军团军团长）　杨尚昆（红三军团政委）
李卓然（红五军团政委）　邓小平（中共中央秘书长）
伍修权（翻译）

共产国际军事顾问：李　德

遵义会议参加者名单

柱间和拱券及柱顶用垩土堆塑的各种花卉，他又回忆说："这个地方原来好像很宽，有一次就在这里摆一张地图，几个人研究怎样往四川走。现在觉得窄了！"随行的记者和纪念馆的工作人员，把邓小平回忆的这些重要史实很快记了下来。对于邓小平这一次遵义之行，1958年11月13日《贵州日报》以《邓小平同志在遵义》为题进行了报道。

殊不知，邓小平的这番话，却引起了不小的风波。

原来，1955年遵义会议纪念馆内部开放、1957年正式开放时，纪念馆的同志不知道邓小平参加了遵义会议，因而遵义会议会址内的辅助陈列室里，没有把邓小平列入会议出席者名单。

对于邓小平的现场回忆，陪同参观的遵义会议纪念馆馆长孔宪权当即私下询问杨尚昆。杨尚昆当年以红三军团政委身份参加了遵义会议。杨答："回京去查查有关档案资料，再回答你们。"

在邓小平、杨尚昆返京后大约两年的时间里，遵义会议纪念馆曾数次致函中央办公厅杨尚昆处，询问查阅结果。中央办公厅秘书局请中央档案馆查找遵义会议原始文献，查到了一份"未署名的文件"（20世纪80年代初，这份"未署名的文件"确认是陈云手稿，后收入《陈云文选》第一卷）。这份标题为《遵义政治局扩大会议传达提纲》的"未署名的文件"在提到遵义会议参加者时说："当红军占领遵义后政治局扩大会议即行开幕，参加这个会议的同志除政治局正式及候补委员以外，一、三军团的军团长与政治委员林聂（注：指林彪、聂荣臻）、彭杨（注：指彭德怀、杨尚昆）及五军团的政治委员李卓然、李总政主任（注：指李富春）及刘参谋长（注：指刘伯承）都参加。”由于该文件中没有提及邓小平，中央档案馆在1959年5月28日的复函中说，“关于参加遵义会议都是哪些人的问题，我们在中央档案中未找到正式可靠的文件”，至于这份未署名的文件，“只能供参考之用”。遵义会议纪念馆按照“未署名文件”的说法，挂出了18张会议出席者照片，没有挂邓小平的照片。

20世纪60年代初，原红二、六军团民运部长李立任贵州省省长，颇为关心遵义会议纪念馆的建设。一次，该馆负责人问及邓小平是否参加遵义会议这件事时，李立当即回答：“他（指邓小平）本人都说参加了，还去哪里调查？他本人的谈话，不就是活档案！”

据此，遵义会议纪念馆便在遵义会议参加者的名单上，加上了邓小平。1965年，遵义会议会址经大维修后重新开放。纪念馆在会议室的正壁上，挂出了参加遵义会议而且是中共八大选出的中共中央政治局常委毛泽东、刘少奇、周恩来、朱德、陈云、林彪、邓小平的照片。

1965年11月20日至25日，邓小平和时任国务院副总理兼国家计委主任李富春在贵州视察。21日上午，又一次参观了遵义会议纪念馆。

不久“文化大革命”爆发，邓小平被诬为“党内另一个最大的走资本主义道路的当权派”而被打倒。随着邓小平政治生涯发生逆转，他是否参加了遵义会议一事又成了问题。遵义的造反派联络到遵义串联的外地学生，到遵义会议纪念馆抄出1959年中央档案馆给遵义纪念馆的复信。在那黑白颠倒的岁月，这一新发现的“罪状”，为批斗邓小平无疑提供了一枚重型炮弹。造反派污蔑邓小平

“篡改历史，硬将自己塞进遵义会议”，“是捞取政治资本”。邓小平的名字在遵义会议会议室的说明牌上被打上黑×，他的照片被从陈列室的墙壁上摘掉。

对于造反派批判邓小平“篡改历史，硬将自己塞进遵义会议”这一点，邓小平始终没有承认。1973年，他从江西回到北京，等待中央分配工作。一位老干部的孩子去看望他，谈话间提到这件事。邓小平不无感慨地说：“遵义会议，我参加了就是参加了，没有参加就是没有参加。我一生的历史已经够光荣的了，参加遵义会议也增添不了我一份光荣，没有参加遵义会议也抹杀不了我一份光荣。”这些话无疑是对那些诬陷者和误传谬说的有力回击。

还历史本来面目

党的十一届三中全会后，党史学界为证实邓小平是否出席了遵义会议，以及与遵义会议有关的一些其他问题，查阅了大量有关的历史档案，还访问了遵义会议的参加者如杨尚昆、李卓然、陈云、伍修权以及一些重要人物如邓颖超、刘英等。邓小平本人也答复过有关单位的询问。据《邓小平年谱（1975—1997年）》记载，1982年12月10日，邓小平阅中央党史资料征集委员会《关于遵义会议若干情况的调查报告》，批示：“遵义会议的细节我也记不清了，‘鸭鸡’应是‘鸭溪’。”“鸭溪”是贵州一个地名。遵义会议后不久，鉴于战争环境瞬息万变，在贵州鸭溪、苟坝一带，由周恩来、毛泽东、王稼祥组成新的“三人团”，统一指挥全军的军事行动。

经过有关部门细致深入的调查研究，众多材料证明邓小平确实参加了遵义会议。这也可算是遵义会议研究的一个收获。1980年，中国革命博物馆、遵义会议纪念馆以及其他有关党史资料、书籍中，在介绍遵义会议的参加者时，又重新出现了邓小平的名字。1984年9月，中共中央党史资料研究委员会公布的《关于遵义政治局扩大会议若干情况的调查报告》里，出席会议人员名单里加上了邓小平。

除了邓小平本人的回忆，确认邓小平参加了遵义会议的主要依据是周恩来、杨尚昆的证实。20世纪60年代，杨尚昆曾就邓小平是否参加过遵义会议询问过周恩来，周恩来说邓小平参加了，他还作记录嘛。1984年10月26日晚，杨尚昆在北京饭店宴请美国作家索尔兹伯里（索于1986年出版了《长征——前所未闻的故事》一书）时，又重述了周恩来这一段重要的话。杨说："50年代末60年代初，我到遵义，遵义的同志问我都是哪些人参加了遵义会议，我一一作了回答。他们又问小平同志是否参加了？我说好像不记得他参加了。回到北京，我问周总理，总理说小平同志参加了，当时担任会议记录。"杨尚昆后来也回忆起遵义会议期间他曾看到邓小平坐在一个角落里忙着记笔记，还记得邓小平当时坐的位置。周恩来、杨尚昆都是遵义会议的重要参加者，他们的证实无疑是最有力的证据。邓小平参加遵义会议已无疑义。

那么，如何解释在此问题上曾有的一些争议呢？比如，如何看待邓小平本人的现场追忆？陈云《遵义政治局扩大会议传达提纲》里为什么没有提到邓小平？如何解释邓小平作记录的稿子没有被找到，等等。多年来，研究者从不同角度给出了令人信服的答案。

关于对1958年11月3日邓小平对遵义会议追忆一事的解答，研究者指出：1958年11月3日邓小平说那番话时，须知遵义会议的出席者除博古、邓发、凯丰去世外，其余的都在世，都未对邓小平的说法表示异议。

关于对陈云《遵义政治局扩大会议传达提纲》里没有提到邓小平这一事实的解答，研究者的一种解释是：陈云的提纲里除了没有提到邓小平，也没有提到当时也参加这次会议的军事顾问李德及翻译伍修权，"陈云的这个提纲只是为传达会议的主要内容而写的，不可能面面俱到。”另一种解释是：邓小平当时还不是党内的主要负责人，他只负责会议记录，因而，“根本的原因，恐怕与遵义会议的性质是中央政治局扩大会议，而与会者身份处于不同层次有关。”

关于对一直没有找到邓小平在遵义会议期间所作的会议记录这件事的解答，遵义会议的参加者李卓然回忆，他记得遵义会议上有两个人在作记录。索尔兹伯里在《长征——前所未闻的故事》一书中称：“不管多么重要，这些笔记也像有关遵义会议的几乎所有文字材料一样都丢失了。”杨尚昆晚年回忆说，除了没有找到邓小平的会议记录，张闻天在遵义会议期间的发言提纲也没有被找到。

党史学界在弄清邓小平参加了遵义会议的同时，也弄清了邓小平参加遵义会议时的身份。

对邓小平参加遵义会议时所担任的职务，长期以来众说纷纭，存在歧义。有的说他当时的职务是《红星》报主编；有的说他“先以《红星》报主编的身份列席会议，会议中被选为秘书长，正式参加会议”；还有的说法是：邓小平开始参与遵义会议工作时的职务即是中央秘书长；还有的回忆者说，邓小平当时担任的是“中央直属队”的秘书长。

邓小平自己说，他不是在遵义会议上被选为秘书长，而是1934年年底就任秘书长的。他回忆，在遵义会议前不久召开的黎平会议期间，他已被任命为中央秘书长。因而，在他填写的履历表中，关于遵义会议期间的职务，他一直填的是中央秘书长。据邓颖超回忆，长征开始时，她任党中央秘书长，由于身体不好，1934年底，由邓小平接任此职。这与邓小平本人的说法是吻合的。

对于邓小平担任中央秘书长时的工作，刘英回忆说：邓小平“在中央当秘书长的时候，管中央首长的生活，开会作记录，还要管警卫工作。”索尔兹伯里在《长征——前所未闻的故事》一书中写道：“根据现在的回忆推断，秘书长的职责是整理会议记录、整理文件、文件归档、收发信件和起草命令等。”索尔兹伯里的记述与周恩来、杨尚昆回忆邓小平遵义会议期间坐在一边作记录是吻合的。可以说，邓小平是以中央秘书长的身份参加了遵义会议，会议期间他负责会议记录。

遵义会议是中国共产党历史上生死攸关的历史转折点，也是邓小平政治生涯中的重要转折点。随着遵义会议确立了毛泽东在红军和中共中央的实际领导地位，邓小平也随之转换到重要工作岗位上来。遵义会议五个月后，邓小平由中央秘书长调任红一军团政治部宣传部部长，开始了新的战斗历程。邓小平一直情系遵义。为纪念遵义会议召开50周年，1984年11月2日，80岁高龄的邓小平欣然命笔，应邀为遵义会议纪念馆及遵义红军烈士墓题写了“红军总政治部旧址”匾额和“红军烈士永垂不朽”纪念碑。

（节录自《党史博采》2014年第5期）

王稼祥与遵义会议 /程 龙

遵义会议是我们党历史上具有伟大意义的一次会议，它不仅纠正了党的错误军事路线，为日后从政治上彻底清算王明路线打下了基础，而且，从组织上改变了党的错误领导，在实际上确立了毛泽东在全党全军的领导地位，使中国革命走上了正确的发展道路。

王稼祥

遵义会议之所以能够召开，并取得圆满成功，毛泽东、张闻天、周恩来、王稼祥等领导人起了重要作用。尤其是王稼祥，其功绩不可磨灭。毛泽东说他："投了关键的一票。"

宁都会议上唯一拥护毛泽东的人

王稼祥是安徽泾县人。1925年被党派到莫斯科中山大学学习。在那里，他卷入了王明"左"倾教条主义的错误，1930年回到祖国1931年初，第二次反"围剿"之前，他和任弼时一起进入中央苏区，在龙冈地区第一次见到毛泽东。他们向毛泽东报告了党的六届四中全会情形，毛泽东亲切地向他们叙述了红军的斗争历史，以及当时所争论的问题，还给他们看了许多文件。以后，毛泽东常和王稼祥谈论一些政治军事问题和路线斗争问题，使他获益匪浅。

他后来回忆说：毛泽东“授予我十分宝贵的见识，给予我政治上很大的启发，这对于我尔后的政治生命是一个极其重大的关键时刻，我当时感到毛泽东同志有独特之长，他所谈的既简单明了，又那样有说服力。……我在第二次国内革命战争年代里，在关键时刻的一些原则问题上，能站在毛泽东同志的一边，坚决支持毛泽东同志的正确路线，这和毛泽东同志对我的教导是分不开的。”

在实际工作中，王稼祥逐渐摆脱王明“左”倾教条主义的束缚而认识到了毛泽东的正确。在1932年10月中共苏区中央局召开的宁都会议上，临时中央的“左”倾领导者排斥毛泽东，利用职权撤销毛泽东的红一方面军总政治委员的职务。王稼祥不怕孤立，首先起来旗帜鲜明地支持毛泽东留在前线继续指挥红军作战。

正像他自己说的：“在宁都会议上，我是拥护毛主席的。”“我当时是唯一支持毛泽东同志仍留在前线指挥军队的人，处于极少数。”

毛泽东对于撤销总政委职务，剥夺军权，派到后方工作的这一错误决定，心地坦然，反来安慰王稼祥说：算了吧，我们是少数，还是服从多数吧！王稼祥听了，更加敬重毛泽东的革命品德。

毛泽东被解除军权后，王稼祥不仅没有疏远而是进一步增强了同毛泽东的革命友谊。当“左”倾路线在中央苏区全面推行的时候，有的人批评毛泽东的军事理论，歪曲毛泽东关于游击战争的作战原则是“守株待兔”，王稼祥非常不满，公开予以驳斥。他说：“打得赢就打，打不赢就走，避实击虚，积极创造机会消灭敌人，怎么说是‘守株待兔’呢！”

毛泽东受到排挤打击，在中央

军事会议上，他的意见不被重视，而王稼祥却很注意倾听毛泽东对于军事问题的分析，从而逐渐形成了对“左”倾教条主义军事路线的批评态度。在第五次反“围剿”中，特别是广昌战役之后，他已经认识了“左”倾领导者军事指挥的错误，公开进行了批评。在中央的一次会议上，他指责说：“像李德这样指挥红军，哪能不打败仗！”

这时，王稼祥就已经比较自觉地站在毛泽东的正确路线一边了。在中共七大选举时，毛泽东两次谈道：“从长征一开始，王稼祥同志就开始反对第三次‘左’倾路线了。”

第一个创议召开遵义会议

由于“左”倾冒险主义的领导，中央苏区第五次反“围剿”失败，中央红军被迫长征。红军长征前，王稼祥是中央革命军事委员会副主席、总政治部主任、政治局候补委员。长征开始时，博古他们曾想把王稼祥作为重伤员留在老百姓家里养伤，把毛泽东作为身体不好者而留下甩掉。许多同志为他们力争，说毛泽东是中华苏维埃共和国主席，绝对不能留下。毛泽东得知王稼祥要被留下，马上为他争辩，说王稼祥是军委副主席和总政治部主任，重任在身，必须随军行动，坚持要他一起行动。博古这才同意他们一道随军转移。

在第四次反“围剿”中，由于敌机空袭，王稼祥身负重伤，长征开始后，他因伤病坐担架随队行动。毛泽东也因病坐担架，两人经常一起同行。

一路上，他们就第五次反“围剿”的失败，进行了深刻反思和探讨，特别是长征初期红军的不断失利，血战湘江，红军损失近半，更使毛泽东和王稼祥痛心疾首。他们认为，如果让“左”倾冒险主义继续发展下去，中国革命必将走向毁灭的深渊。毛泽东极力主张改变红军的进军方向，不去湘西，折向敌人力量薄弱的贵州，以此来改变红军的困境。王稼祥对此深表赞同。

王稼祥曾回忆说：“一路上毛主席同我谈论了一些国家和党的重大问题，以马列主义的普遍真理和

中共苏区中央局委员合影，右一为王稼祥

志出来。”

张闻天还利用行军和休息的时间，与王稼祥、毛泽东继续交谈。交谈的中心内容是“左”倾路线在军事理论和军事指挥方面的严重错误，这样，三人逐步形成了比较一致的看法，认为必须改变红军的前进方向和路线，不能让博古和李德再这样指挥下去了。

中国革命实践相结合的道理来教导我，从而促使我能够向毛主席商谈召开遵义会议的意见，也更加坚定了我拥护毛主席的决心。”

王稼祥找张闻天详细谈了毛泽东的主张和他自己的看法。张闻天是政治局委员、常委兼书记处书记，是刚从“左”倾路线开始分离出来的重要领导人。

王稼祥希望张闻天能同意召开政治局扩大会议，总结失败的经验教训，并明确提出：“应该撤换博古和李德，改由毛泽东来领导。”

张闻天也同意王稼祥把李德、博古轰下来的意见，并说：“毛泽东同志打仗有办法，比我们有办法，我们是领导不了啦，还是要毛泽东同志出来。”

以后，王稼祥又找其他负责同志一一交换意见，周恩来和朱德原来就十分尊重和佩服毛泽东，都毫不犹豫地支持王稼祥的意见。

毛泽东在抢渡乌江之前，也利用一切可能的机会，向有关干部和红军指战员进行说服教育工作，使大家分清什么是正确的，什么是错误的。这一切都为遵义会议的召开创造了必要条件。

红军一进湖南通道县，毛泽东就向中央提出，建议放弃与红二、红六军团会师的计划，部队立即改向贵州前进。1934年12月12日，在通道县城举行了中共中央负责人的紧急会议，讨论红军行动方向问题。由于有周恩来、朱德、王稼祥和张闻天等的支持，因而会议接受了毛泽东上述关于红军行动方向的主张。

几天后，中共中央在黎平召开政治局会议，会上发生了激烈争论。毛泽东等力主避开敌人，继续向贵州西北进军，争取到川黔边境去另建革命根据地。由于毛泽东的主张得到王稼祥和张闻天等多数人的赞成，周恩来主持会议作出决定，采纳毛泽东提出的红军行动方针、作出了《中央政治局关于战略方针之决定》。

12月底，中央军委红军纵队到达瓮安县猴场（今草塘）。1935年1月1日，中共中央在猴场召开政治局会议。会议重申由毛泽东提出并经中央政治局黎平会议同意在川黔边地区建立新根据地的主张，作出《关于渡江后的行动方针的决定》，指出：首先向以遵义为中心的黔北地区，然后向川南发展，是目前最中心的任务。

通道、黎平、猴场三个会议关于突围转移方向的争论，反映了以毛泽东为代表的正确军事领导者与错误军事领导者之间的斗争。三次会议成为红军历史上改变错误路线的开始，为以后纠正"左"倾路线，确定毛泽东在红军和党中央的领导地位做了准备。

李德由于争论失败，气得暴跳如雷，却又无计可施，他"太上皇"的地位发生了动摇。红军将士挥戈西指，一举突破天险乌江，进占黔北名城遵义，使敌人在湘西围歼红军的计划全部落空。

中央红军突破乌江，快到遵义时，王稼祥向毛泽东提议："前面就到遵义城了，这样下去不行，该把李德轰下台了，开个会总结经验。"

当时，主持中央工作的博古，认为通道、黎平和猴场三个会议已经解决，不需要再开什么会议。然而，王稼祥、张闻天、周恩来、毛泽东一致要求召开会议，鉴于大多数政治局委员的意见，几经酝酿，终于决定在遵义召开政治局扩大会议。

会前决定，由博古准备在会上作关于第五次反"围剿"的总结报告，周恩来准备作关于军事问题的报告。这样，召开遵义会议的问题就定了下来，准备工作基本就绪了。

第一个站出来支持毛泽东

遵义，是贵州北部的一个重镇。北靠娄山，南临乌江，是贵州到重庆的交通要道，也是红军长征以来所经过的第一座繁华城市。1935年1月15日至17日，在遵义城红军总司令部召开了中共中央政治局扩大会议（称遵义会议）。由于参加会议的人数较多，四周摆了一些藤椅、方凳和板凳。因王稼祥是带伤抱病参加会议，特为他准备了一张藤躺椅，让他在太累时可以躺着听。

参加会议的有政治局委员博古、周恩来、张闻天、毛泽东、朱德、陈云，政治局候补委员王稼祥、邓发、刘少奇、何克全（凯丰）红军总部和各军团负责人刘伯承、李富春、林彪、聂荣臻、彭德怀、杨尚昆、李卓然，还有中共中央秘书长邓小平，军事顾问李德及翻译伍修权也列席会议，共20人。

会议持续了三天，因白天处理军事事务，由晚上7点一直进行到深夜一两点。会议集中解决的是军事问题和组织问题，这是当时具有决定意义的两大问题。会议开始由博古主持。他先作关于第五次反"围剿"的总结报告。由于他对他所推行的王明"左"倾机会主义错误及其严重危害缺乏认识，对长征以来军事指挥上的严重错误缺乏认识，反而强调许多客观原因，把失败的教训全部推到客观方面，为错误作辩护。因此，正如会议决议所指出的："博古同志的报告基本上是不正确的。"

周恩来作了军事领导问题的副报告，他实事求是地从主观上检查了原因，就军事指挥的错误作了自我批评，主动承担了责任，表现出严于责己、宽以待人的态度。随后，由张闻天代表他和毛泽东、王稼祥作联合发言，尖锐地批评"左"倾军事路线。接着，毛泽东作了长篇发言。他指出，博古、李德等在军事领导上的错误，是犯了进攻中的冒险主义、防御中的保守主义和转移中的逃跑主义。在指挥作战上只知道纸上谈兵，不考虑实际情况。他用前四次反“围剿”获胜的事实，批评了博古把第五次反“围剿”失败的原因主要归结于敌强我弱的客观因素，为其错误的军事领导辩护的错误观点。他还指出，正是在军事上执行了“左”倾冒险主义的错误主张，才导致了第五次反“围剿”的失败，造成了红军在长征中的重大牺牲。在作战指挥上，李德不懂中国革命战争的特点，不从中国革命战争的实际情况出发，实行错误的军事指挥，不考虑战士要走路，也要吃饭，也要睡觉，也不考虑行军走的是什么路，是山地、平原还是河道，只知道在地图上一划，限定时间打，当然打不好。他以通俗的语言，以“路是要脚走的，人是要吃饭的”日常事实，来说明必须考虑战争实际的道理。

毛泽东的发言实事求是，深刻精辟，与博古的报告形成了鲜明对照，会议上出现了两种不同的思想观点和方针路线。

在这关键时刻，王稼祥马上站出来，第一个旗帜鲜明地表示，他完全赞成并坚决支持毛泽东的意见，又严肃地批评了李德和博古军事思想的错误，指出第五次反“围剿”之所以失败，其重要的原因就是李德等一再拒绝毛泽东等人的正确意见，搞脱离实际的瞎指挥。

王稼祥指出：“事实证明，中国的红军和中国革命战争，应该也必须由毛泽东这样有实际经验的人来领导才能取得胜利。”他郑重建议，立即改组中央的军事指挥机构，取消李德和博古的军事指挥权，提议把军事指挥权交给毛泽东。

周恩来再次发言，批评“左”倾冒险主义错误领导，明确表示拥护毛泽东，也强调只有改变错误领导，红军才有希望，革命才能成功，并竭力推举毛泽东为党和红军的领袖。

对于这一建议，张闻天、朱德、陈云、刘少奇、刘伯承、李富春、聂荣臻、彭德怀、邓小平等积极支持，表示赞成。只有凯丰的思想不通，表示了保留意见。

经过三天的热烈争论，会议

作出决定：（一）毛泽东同志选为常委。（二）指定张闻天同志起草决议，委托常委审查后，发到支部讨论。（三）常委再进行适当的分工。（四）取消三人团，仍由最高军事首长朱、周为军事指挥者，而周恩来是党内委托的对于指挥军事下最后决心的负责者。

会后，常委重新分工，决定由张闻天替代博古负总责，以毛泽东为周恩来在军事指挥上的帮助者。

遵义会议在中国革命最危急的关头，依据民主集中制的原则，独立自主地解决了党中央的组织问题，结束了王明“左”倾教条主义在中央长达四年之久的统治，确立了毛泽东在党和红军中的领导地位，在最危急的关头，挽救了党，挽救了红军，并为胜利完成长征奠定了基础。

毛泽东说：“王稼祥是最早就支持我的”

毛泽东常对人说：“王稼祥是最早就支持我的，遵义会议上没有他的支持不行，他投了关键的一票。”

周恩来也多次对王稼祥给予公正的评价，在一次重要会议上说：“遵义会议纠正了王明的错误路线，事实上是首先取得了王稼祥的支持。”

1964年的一天晚上，周恩来受毛泽东的委托，来到王稼祥的家里，和王稼祥促膝谈心两个小时之久。周恩来从历史上分析了王稼祥功大于过，并说：“你比别人更早站在毛主席的一边。”

新中国成立后，王稼祥先后担任外交部副部长、首任驻苏大使、中央对外联络部部长和中共八大中央委员、书记处书记。“文化大革命”中，受林彪、康生等的诬陷迫害，被革职关押。1971年九一三事件后，王稼祥获得解放。从信阳回到北京，写了一封揭发林彪和拥护党中央的长信给毛泽东。在信中，他又一次检讨了自己在30年代前期执行王明“左”倾教条主义路线的错误，并说自己“为此终生不安”。

1972年，在党的九届三中全会期间，周恩来传达毛泽东对王稼祥的评价说："王稼祥同志写了一封报告给我，这样的老干部只讲过，不讲功，很难得，应该很快让他出来工作。他是有功的人。……他是教条主义中第一个站出来支持我的。遵义会议上也投了关键的一票。王稼祥功大于过。遵义会议后，成立了三人军事领导小组嘛，我嘛，你嘛（指周恩来），还有王稼祥嘛，夺了王明等人的军权。'三和一少'不是他搞的嘛，他只是提一个建议，是王力他们在国外的会议上搞的嘛。"

林彪自我爆炸后，王稼祥去看望聂荣臻，聂帅向他讲了这样一段话："林彪之坏，过去没有预料到。……遵义会议只开了四五天，解决了大问题，你在遵义会议上是一个重要角色。'文化大革命'运动一开始，毛主席对你是保的。……毛主席还说了第二次、第三次反'围剿'，你极力支持他，遵义会议，你起了大作用。"

王稼祥谦虚地说："不，不，我在工作中也有错误。"

朱老总见到他时，高兴地说："林彪弄出来了，一部分老领导人的问题也都清楚了。毛主席没有忘记你，我们都认为你是有功劳的负责人之一，是在关键时刻立了大功劳的，你会很快被重新分派工作的。"还说："我们认识已经41年了，你那时候很年轻，只24岁就当了军委副主席和总政治部主任。"

王稼祥仍谦虚地说："我那时还很不懂事。"

1973年夏，他当选为党的十大代表。1974年1月，康生、江青策动所谓"批林批孔"运动，大批什么"反革命修正主义的外交路线"，什么"三和一少"……王稼祥有了一种不祥预感。他们是借口批林批孔，猛攻"当代大儒"，把矛头直接指向周恩来，指向自己，他忧虑万分。在一个夜里，这位光明磊落的共产党人和伟大的革命家的生命之火突然熄灭了，年仅68岁。

王稼祥的骨灰盒安放在八宝山革命公墓，上面写着八个大字："光明正大，立党为公"。

（摘自《党史博采》2001年第5期）

遵义政治局扩大会议传达提纲 /陈 云

遵义政治局扩大会议的召集，是基于在湘南及通道的各种争论而由黎平政治局会议所决定的。这个会议的目的是在：（一）决定和审查黎平会议所决定的暂时以黔北为中心，建立苏区根据地的问题。（二）检阅在反对五次"围剿"中与西征中军事指挥上的经验与教训。当着红军占领遵义以后政治局扩大会议即行开幕，参加这个会议的同志除政治局正式及候补委员以外，一、三军团的军团长与政治委员林聂、彭杨及五军团的政治委员李卓然、李总政主任及刘参谋长都参加。会议经过三天，作出了自己的决议。

陈云

（一）扩大会一致决定改变黎平会议以黔北为中心来创造苏区根据地的决议，一致决定红军渡过长江在成都之西南或西北建立苏区根据地。这个决定的理由是：由于四川在政治上、军事上（与四方面军的更好的配合，背靠西康一个空无敌人的区域)、经济上都比黔北好。

(如果今天来观察这个决定，我们应该批评这个决议只在一些比较抽象的条件上来决定根据地，没有具体的了解与估计敌情与可能，没有讲求达到这个目的具体步骤。而且个别同志对于四川敌人的兵力是过低的估计的，后来由威信回兵黔北而没有达到渡江入川的目的，亦正在此。)

(二)检阅反对敌人五次"围剿"中与西征中的错误。

(A)扩大会议认为四次"围剿"粉碎以后，中央政治局所作的决议——粉碎帝国主义国民党五次"围剿"的决议是正确的。政治局扩大会反对博古同志的报告，这个报告客观上是在说明不能胜利的保卫苏区来粉碎五次"围剿"的原因是偏重于客观的——帝国主义对于国民党的帮助，白区反帝与革命运动不能与红军战斗配合，苏区周围的游击战争与白区工作的极端薄弱，等等——没有显著的把我们在军事指挥上的错误，提到这些原因中的应有的高度。(当然在博古同志的报告中也说了主观的指挥上的错误，当然也不曾明显的把这个问题放在次要的地位。)这在客观上是右倾机会主义的，是企图掩盖指挥上的错误的，是不能得到教训的。

扩大会议认为我们没有胜利的保卫中区来粉碎五次"围剿"的原因，除了许多客观的而且重要的原因以外，最主要的原因，由于我们在军事指挥上战略战术上基本上是错误的。

扩大会议认为当时党的总的政治路线一般的是正确的，一切在苏区内部的后方工作是模范的，必须奖励的。但是正因为国内战争中军事指挥是党的总的政治路线的一个主要的部分，我们党正是由于军事指挥上在这个时期以及西征中是基本上错误的，因此在保卫苏区与顺利的粉碎五次"围剿"的意义上来说，以及达到西征军预定的湘西目的地来说，是没有完成自己的任务。

扩大会议认为蒋介石在五次“围剿”中没有完全成功，主力红军非但冲出重围，而且在川黔滇湘活跃着发展着。相反的在军事的力量上来说，经过五次“围剿”的一年半的血战，蒋介石的军事力量是削弱了。

扩大会议认为中国苏维埃运动决不是低落，相反的依然是发展的。几个苏区红军的胜利，中央红军的活跃，以及反帝运动的高涨与国民党统治下的全国经济的破产。中国苏维埃运动有着浓厚的历史的泉源，中国苏维埃运动与红军是不可战胜的力量。

（B）为什么说军事指挥上基本上是错误的？（把五次“围剿”起至西征到遵义分成四个时期。）

第一个时期——从粉碎四次“围剿”以后到朋口战争及与十九路军订定作战协定以前。

这个时期，首先在东黄陂战争胜利以后（粉碎了四次“围剿”），因为当时对于胜利的估计不足，把红军主力停留在北线上一个短时期，以后向着闽江活动来开辟东战场是对的，朋口战争胜利了，这都是对的。这个时期一般的是指挥正确的，但是极大的错误是没有集中主力，只有三军团与东线原有较弱的兵团与十九路军决战，如果那个时期，集中更多的力量，我们在东方战线上的胜利，必然远过于当时所获得的。

第二个时期——从与十九路军订立作战协定起，到十九路军的失败与敌人占领军事要点——黎川。

这个时期党中央决定与十九路军订立作战协定，是正确的。但是在当时军事指挥上并没适应政治上的要求，当时我们非但没有出建黎泰去侧击向延平前进的蒋军，反而把红军主力向着赣江活动，等到后来洛甫同志（他是军委的委员）知道而提出反对时，再把红军向东到永安、沙县时，福建的人民政府的局面已经改变了。而使蒋介石把东方战线在自己的掌握中组成积极的进攻苏区的战线。同时在个别指挥员的贻误之下失守黎川。

政治局扩大会认为这个时期，如果我们在军事上能够正确的指挥，那末我们完全有可能粉碎五次“围剿”，国内形势将成另外一个局面，而有利于革命运动苏维埃运动的发展。

第三个时期——从十九路军失败以后的广昌战斗到主力红军出发西征时。

这一时期是五次“围剿”战争中最残酷的战斗的时期，敌人用最大兵力压迫我们于苏区内部。同时，我们严重的指挥上的错误也正是在这个时期，不去尽力寻求运动战与敌人翼侧的活动，而采取阵地式的与敌人堡垒对峙的战略战术，发明以“赤色堡垒”来抗阻敌人。在赤色堡垒与敌人堡垒对峙之下，用所谓有名的“短促突击”战术来作战。这个战术拒绝了在运动战中消灭敌人的战术，放弃了外翼侧的活动。结果苏区边界上到处造了宫殿式的堡垒（当然不是说个别的必要地区的堡垒是不要的），我们依靠这些堡垒和工事与敌人对抗。这个战术完全暴露我们的主力，完全在敌人面前暴露我们的弱点，使敌人的飞机大炮能够按照一定目标的配合步兵师团向我们进攻。结果，我们与敌人只是拼“消耗”（这对我们是不利的），许多赤色堡垒被毁于飞机大炮，一些被敌人占领来作为进攻苏区的军事据点。

“短促突击”的战术，使我们不能获得运动战中应能获得的胜利（龙岗战斗），使我们在敌人的强大的火力之下受到极大的损失。在敌人以几倍于我们力量向我进攻时依然不得不退出赤色堡垒地带（建泰广昌）。“短促突击”在广昌战斗、三溪圩战斗、太阳嶂战斗、石城战斗，以及退出苏区时的许多战斗中，红军的有生力量受到极大的损失。每次战役总是死伤二三千，三军团在一个短时期中全军团的老的连长完全死伤。即使在将要西征出发的前两天，军委依然命令十三师在兴国城市死守。“短促突击”的结果，使一九三三年红五月直到一九三四年九月扩大来的十五万以上（将近二十万）的新战士，除去因为政治工作的薄弱、动员扩大红军时工作上的错误而使一部减员以外，都在这个战术之下损失了。

第四个时期——开始西征起到黎平为止。这个时期在指挥上组织上一般是错误的，已如前述，不再重复。

总括以上四个时期来看，当时我们在军事指挥上战略战术上是基本上错误的。

(C) 右倾机会主义的单纯防御路线。

扩大会议认为当时军事指挥上所采取的战略是单纯防御路线。这个战略之政治来源，是由于对我们可以战胜敌人的堡垒主义，没有信心。

这种单纯防御路线实际就在：

(a) 拒绝运动战与在敌人的翼侧的活动。

(b) 企图以赤色堡垒的消耗战来保卫苏区。（把不失去一寸苏区土地的口号在战术上机械的运用。）

(c) 敌人分六路进攻，我们也分兵抵御。这样就不仅居于被动地位，而且使我们主力不集中，各个战线上力量薄弱而处处受敌打击。

如果否认五次战争中敌人战略上的堡垒主义的特点，是错误的，但是诱敌深入的机会依然是有的，而且还不很少的。正因为我们采取的战术是敌人一出动——三里五里——即对敌进攻，这样使敌人更加小心而步步筑堡垒。在五次战争开始时敌人的堡垒还是十里一个十五里一个，因为我们的短促突击的结果，使敌人懂得在一里路的距离中筑上三五个堡垒。譬如：龙岗战斗，敌人才伸出五里路，我们即出击，暴露了红军主力所在，使敌人立即迅速的退回堡垒的据点，结果可以大胜的战斗，只能俘获一营敌人。这种类似的战役不能胜数。所有军团首长在扩大会上举出许多战役的例子都是犯着这个错误。他们说："在这个战役中得到的军委命令，在出发以前，已经明知是劳而无功，但是只有服从命令。"即在退出苏区以前不久之东方战线上打击李延年纵队之温坊战斗是极大的胜利（俘获人枪千余），但是这个胜利的获得，正是由于一军团首长不照军委命令——死守温坊来打击敌人——而自动的进行机动，从温坊退进苏区二十里路（可是他们恐军委的责备而两天两晚睡不着觉），才能使敌人大胆前进，远离堡垒，而给以打击。至于后一时期只在分兵抵御，除了七军团之抗日先遣队北上外，其他在敌人翼侧后方的活动，完全没有。

至于以赤色堡垒来对抗敌人的堡垒主义，这种"拼消耗"的战斗，谁都明白在今天我们所处的地位，运用了的时候是极端不利的。

分兵抵御的办法，不仅使我们完全居于被动地位，常被某一战线上的敌人佯攻吸引红军力量，而在其他战线上进行强攻，不仅使红军部队疲于奔跑，而受到不应有的损失，而且不合目前国内战争红军处于内线作战，必须集中主力——集中优势兵力去打击敌人的弱点——来各个击破敌人的分进合击的原则的。因为分兵抵御而不能集中主力，所以许多战役不能得到应有的胜利。就是温坊战斗以后，敌人的两个师迅速的增援——继续冒险前进——因为我们的其他军团没有集中，不曾取得继续的可能的胜利。

这种错误的军事上的指挥，是经过了一个很长时期的。在这一时期中，党内军委内部不是没有争论的，毛张王曾经提出过许多意见，就是恩来同志也曾有些个别战役上的不同意见，但是没有胜利的克服这种错误。至于各军团——尤其是一、三军团的首长不知有多少次的建议和电报，以及每个战役的"战斗详报"，提出他们的作战意见，可惜完全没有被采纳。

扩大会议指出军事上领导错误的是A、博、周三同志，而A、博二同志是要负主要责任的。

扩大会议指出党内对于军事领导上错误的纠正，不是党内的分歧，相反的更加团结，使军事领导走上正确的道路，使党与军委的威信更加提高。一切动摇、悲观、失望的分子，与前进的布尔什维克没有丝毫相同的地方。扩大会议指出反对军事领导上的单纯防御路线时，必须坚决的反对一切右倾机会主义的倾向。

(D) 扩大会最后作了下列的决定：

(一) 毛泽东同志选为常委。

(二) 指定洛甫同志起草决议，委托常委审查后，发到支部中去讨论。

(三) 常委中再进行适当的分工。

(四) 取消三人团，仍由最高军事首长朱周为军事指挥者，而恩来同志是党内委托的对于指挥军事上下最后决心的负责者。

扩大会中恩来同志及其他同志完全同意洛甫及毛王的提纲和意见，博古同志没有完全彻底的承认自己的错误，凯丰同志不同意毛张王的意见，A同志完全坚决的不同意对于他的批评。

扩大会完毕后中常委即分工，以泽东同志为恩来同志的军事指挥上的帮助者。并决定决议到支部讨论时，指出华夫同志的名字（华夫即A名，常用此名在军委刊物《革命与战争》上发表许多文章，特别是短促突击的文章）。在团以上的干部会中才能宣布博古同志的名字。

决议发出以后常委各同志——毛张陈——均到各军团干部会中传布决议。在一切会议中对于政治局扩大会决议是积极的拥护的。

在由遵义出发到威信的行军中，常委分工上，决定以洛甫同志代替博古同志负总的责任。

（摘自《陈云文选》第一卷，人民出版社，1984年版）

毛泽东谈遵义会议 /刘明钢

关于会议的情况

在长期的革命斗争中，毛泽东曾多次回忆遵义会议，谈会议的筹备、会议上的斗争、会议召开的时机、策略考虑以及一些领导人的贡献。

长征到达陕北后的毛泽东

“老是三票对四票下去不行，我们扩大一下”

1934年10月，中央红军离开苏区，开始了长征。11月底，经过血战，突破湘江封锁线，跳出了包围圈，使蒋介石消灭红军于湘江东岸的计划失败，但红军自身付出了沉重的代价，由出发时的八万六千余人，锐减为三万多人。

部队不断受到损失，导致士气低落，首先在领导层中，对于当时的错误指挥有所议论，酝酿着不满。由于正反两方面的经验教训，一些犯过“左”倾错误的领导同志也开始觉悟。张闻天在第五次反“围剿”时就说过，李德这样指挥怎么行，这样怎能打胜仗？据贺子珍回忆：由于王明路线的执行者给毛泽东加上种种罪名，一直到长征时都没有勾销。在离开中央苏区前，任何人都不同毛泽东讲话，毛也不去找任何人。在长征初期，人们仍不同他讲话，而他却打破沉默，主动找同志们谈话。他利用一切可能的机会，同政治局的同志、中央军委的同志一个个地谈话，反复阐述他的意见。这样，在遵义会议召开之前，很多领导同志已经支持毛泽东，为遵义会议的召开奠定了基础。

张闻天在延安整风时写道："长征出发后，我同毛泽东、王稼祥二同志住一起。毛泽东同志开始对我们解释反五次'围剿'中中央过去在军事领导上的错误，我很快地接受了他的意见，并且在政治局内开始了反对李德、博古的斗争，一直到遵义会议。"

1934年12月18日，中共中央政治局召开黎平会议，通过了《中央政治局关于战略方针之决定》，同时，会议还作出一项至关重要的决定：到遵义地区后，召开中央政治局会议，总结第五次反"围剿"以来军事指挥上的经验教训。

黎平会议后，红军强渡乌江，挺进遵义。在此期间，毛泽东一直在考虑政治局会议的力量对比问题。据毛泽东身边人员回忆，毛泽东在遵义会议20多年后，曾在一次党内高层小范围的谈话中讲道：

"在长征以前，在政治局里我只有一票。后来我实在不行了，我首先做了王稼祥的工作，王稼祥同意了我的观点，又通过王稼祥，做了张闻天的工作。这样，政治局开会，经常是两种意见，一边是我、王稼祥、张闻天，三票；他们那边是四票，一票是博古，一票是李德，加上另两位。每次开会，都是三票对四票，永远不能解决问题。不知开了多少会，一直是三票对四票。后来一点办法也没有了，我就说，老是三票对四票下去不行，我们扩大一下，我把拥护我们主张的下面的人找来，你们把拥护你们主张的下面的人也找来，搞个扩大会议。"毛泽东还提议："我看这次会议应该扩大范围，除了在遵义的政治局委员、候补委员，把军委的负责同志和各军团的主要领导人都请来参加，他们处在斗争第一线，应该充分听取他们的意见。”（《叶永烈采访手记》，上海社会科学院出版社1993年版）

毛泽东的建议得到周恩来、张闻天等人的支持，博古也表示同意，这样，原计划的中央政治局会议变成了中央政治局扩大会议，除随中央红军长征的政治局委员、候补委员外，红军总部和各军团的主要领导同志也出席了会议。而这部分领导同志大部分赞成毛泽东的主张。

“遵义会议承认博古政治路线，只集中弄清军事路线”

遵义会议集中全力纠正了当时具有决定意义的军事上和组织上的错误，而没有讨论政治路线问题，为什么？毛泽东这样解释：

“一九三五年的遵义会议，则主要地是反对战争中的机会主义，把战争问题放在第一位，这是战争环境的反映。”还说，“遵义会议承认博古政治路线，只集中弄清军事路线，因为中央在长征中，军事领导是中心问题。当时军事领导的解决差不多等于政治路线的解决，组织上不久也取消了博古的中央书记而以洛甫（张闻天）代之，因为当时只有如此，才能团结我们内部。”

遵义会议决议没有指出政治路线的错误，而且认为“军事领导的错误”对“整个路线说来不过是部分的错误”，这是大智慧。对此，参加长征的李维汉有如下的说明：

一是党内思想还不一致，条件还不成熟，多数同志还没有认识到其政治路线也是错误的；再就是鉴于紧迫的战争环境，因此，毛泽东等同志没有提出这个问题。这样做是非常正确的，因为当时是处在没有根据地，敌人前堵后追的战争环境中，战争的胜负是关系到革命成败的主要问题。这时，如果提出王明等人的政治路线也是错误的，会使党内受到过分的震动，引起大的争论，对打仗非常不利。政治路线问题可以留待以后讨论，这样做对于保持党的团结和统一，争取长征的胜利，有重大的意义。

“凯丰说我打仗的方法不高明，是照着两本书去打的”

1935年1月15日至17日，在遵义城红军总司令部召开中共中央政治局扩大会议。

会议由博古主持，并作了关于第五次反“围剿”的总结报告。他对军事指挥上的错误作了一些检讨，但主要还是强调种种客观原因。周恩来作副报告，提出第五次反“围剿”失利主要原因是军事领导的错误，并主动承担了责任。随后，由张闻天代表他和毛泽东、王稼祥作联合发言，尖锐地批评“左”倾军事路线。接着，毛泽东作了长篇发言，指出：导致第五次反“围剿”失败和大转移严重损失的原因，主要是军事上的单纯防御路线，表现为进攻时的冒险主义，防御时的保守主义，突围时的逃跑主义。

会议上，两种意见针锋相对，争论异常激烈。毛泽东在60年代初曾多次讲到凯丰当时用反批评的方式来维护博古、李德。他说：“遵义会议时，凯丰说我打仗的方法不高明，是照着两本书去打的，一本是《三国演义》，另一本是《孙子兵法》。”

凯丰的话刺激了毛泽东的求知欲望。毛泽东说：“其实，打仗的事，怎么照书本去打？那时，这两本书，我只看过一本——《三国演义》。另一本《孙子兵法》，当时我并没有看过。那个同志硬说我看过。我问他《孙子兵法》共有几篇？第一篇的题目叫什么？他答不上来。其实他也没有看过。从那以后，倒是逼使我翻了翻《孙子兵法》。”

遵照会议的决定，张闻天根据毛泽东的发言内容起草了《中央关于反对敌人五次“围剿”的总结的决议》，经政治局通过后印发各支部。决议指出，“军事上的单纯防御路线，是我们不能粉碎敌人五次‘围剿’的主要原因”；同时充分肯定了毛泽东在历次反“围剿”战役中总结的符合中国革命战争规律的积极防御的战略、战术原则。

"如果没有洛甫、王稼祥两位同志从第三次'左'倾路线分化出来，就不可能开好遵义会议"

遵义会议能成功召开，除周恩来发挥了重要作用外，张闻天与王稼祥的作用也不容忽视。

1945年6月，中共七大选举新的中央委员会，王稼祥因为没有得到半数选票而落选。毛泽东得知这一消息后，非常吃惊。

6月10日，毛泽东向全体代表作了《关于第七届候补中央委员选举问题》的讲话，力荐王稼祥。他说：

"大家要知道，如果没有洛甫、王稼祥两位同志从第三次'左'倾路线分化出来，就不可能开好遵义会议。同志们把好的账放在我的名下，但绝不能忘记他们两个人。当然，遵义会议参加者还有好多别的同志，酝酿也很久，没有那些同志参加和赞成，光他们两个人也不行。但是，他们两个人是从第三次'左'倾路线分化出来的，作用很大。从长征一开始，王稼祥同志就开始反对第三次'左'倾路线了。"

"昨天选举中央委员，他没有当选，所以主席团把他作为候补中央委员的第一名候选人，希望大家选他。"

毛泽东的这篇讲话，使代表们加深了对王稼祥的了解。大会进行了候补中央委员的投票。6月11日，七大公布候补中央委员选举结果，选出候补中央委员33人，按得票多少先后为序，王稼祥以名列第二当选。杨尚昆回忆当时的情景，说是"毛主席帮助稼祥同志'竞选'"。

"事物有一个发展的过程，错误有一个暴露的过程"

党的六大后，革命运动出现复兴局面。由于中共中央的领导权落到一些根本不懂得中国国情、却得到共产国际信任的"左"倾教条主义者手中，结果导致除陕北以外各根据地的丢失和党在国民党统治区组织的严重破坏，给党和红军造成巨大损失。

延安整风运动以前，长期在中共中央机关工作的吴亮平，曾经和毛泽东讨论过同"左"倾教条主义和宗派主义错误作斗争的问题。吴亮平回忆说：在延安时，我问毛主席反对"左"倾机会主义的斗争能否早些进行呢？毛主席说：怕不能，因为事物有一个发展的过程，错误有一个暴露的过程。如果早一两年，譬如说，第五次反"围剿"初期，虽然我们已经看出了教条主义的错误，但是他们还能迷惑不少干部和群众。如果那时进行反对"左"倾机会主义的斗争，那么党内会发生分裂。首先必须照顾革命大局。只有经过第五次反"围剿"战争和长征第一阶段的严重损失的反面教育，绝大多数干部的认识提高了，认识一致了，在这样的条件下，遵义会议才能瓜熟蒂落、水到渠成。

关于会议的评价

"中国人真正懂得独立自主是从遵义会议开始的"

遵义会议以前的中共党史，在很大程度上是一部如何将共产国际实际上也就是苏联共产党的指示贯彻实施的历史。共产国际及其在中国的代表给了中国共产党许多帮助，对此应当肯定。但是，由于共产国际、苏联共产党并不真正了解中国国情，其错误指导也给幼年的中国共产党带来许多消极影响。特别是在土地革命战争时期，共产国际对中国革命形势、阶级关系以及革命道路等问题提出一系列错误论断。"左"倾教条主义者照搬照抄共产国际的错误指示，使中国革命几乎陷于绝境。第五次反"围剿"和长征初期失败的切肤之痛，推动着中国共产党从"左"倾教条主义的领导下解放出来，认识到实事求是、独立自主思想路线的重要性。

由于长征时中共中央已经同共产国际失去电台联系，因此遵义会议第一次没有受到共产国际的干预，成为中国共产党第一代中央领导集体独立自主地解决中国革命问题和党内重大问题的起点。

1963年9月，毛泽东在同外宾的一次谈话中说："我们认识中国，花了几十年时间。中国人不懂中国情况，这怎么行？真正懂得独立自主是从遵义会议开始的，这次会议批判了教条主义。教条主义者说苏联的一切都对，不把苏联的经验同中国的实际相结合。”

以遵义会议为起点，中国共产党独立自主地掌握了中国革命的主动权和领导权，标志着党经历了曲折的道路，终于走向成熟。

“遵义会议是一个关键，对中国革命的影响非常之大”

毛泽东在回忆民主革命时期党的历史时曾说：“遵义会议是一个关键，对中国革命的影响非常之大。”在很多时候，毛泽东谈到新民主主义革命时，总是习惯把遵义会议视为关键点、转折点。

1942年2月21日，在致周恩来的电报中，毛泽东指出：“政治局在去年十月间曾详尽检讨了过去路线问题，一致认为四中全会至‘九一八’中央路线基本上是正确的，但有好几个严重原则错误，‘九一八’至遵义会议中央路线是错误的。遵义会议以后中央路线是正确的。”

毛泽东的这种认识，对中国共产党研究与总结历史经验教训，影响极大。

比如，《关于若干历史问题的决议》指出：遵义会议是具有历史意义的转变。也正是由于这一转变，我们党才能够胜利地结束了长征，在长征的极端艰险的条件下保存并锻炼了党和红军的基干，胜利地克服了坚持退却逃跑并实行成立第二党的张国焘路线，挽救了“左”倾路线所造成的陕北革命根据地的危机，正确地领导了一九三五年的“一二·九”救亡运动，正确地解决了一九三六年的西安事变，组织了抗日民族统一战线，推动了神圣的抗日战争的爆发。

胡绳主编的《中国共产党的七十年》也指出：遵义会议在极其危机的情况下挽救了中国共产党、中国红军和中国革命，成为党的历史上一个生死攸关的转折点。

（节录自《党史博采》2015年第1期）

遵义会议前三次会议的历史贡献

/张治宇

通道会议，使毛泽东对军事的意见自宁都会议以来第一次受到尊重，红军实现了具有重大历史意义的战略“转向”

1934年10月，中央红军主力和中央、军委机关及直属部队8.6万人撤离中央革命根据地，开始实行战略转移。当时，中共中央和红军主要负责人博古以及共产国际军事顾问李德等“左”倾领导者的战略意图是：从南线突破粤军的封锁线，到湘西去会合红二、六军团，创建新的革命根据地。中央红军主力开始长征后，蒋介石很快就判明红军的意图，急调40万大军围追堵截，妄图一举消灭红军。长征后一个多月，红军虽然突破了四道封锁线，渡过湘江，但由于“左”倾领导者消极避战，致使红军损失过半，锐减到三万多人。

第五次反“围剿”及长征中湘江战役的失败，引起了红军广大指战员对“左”倾冒险主义军事路线的极大怀疑和不满。血的事实也使中央政治局一些领导人、特别是有“左”倾错误的人不得不作深刻的反省。但“左”倾领导者仍不顾红军面临全军覆灭的危险，执意要按原计划北上湘西，去与二、六军团会合。红军如继续北上，无疑将钻进敌人预先布置好的罗网。这就引起了中央最高领导层对原定计划的争论。毛泽东、王稼祥、张闻天等率先起来对"左"倾军事路线进行公开的批评。

1934年12月11日，红军占领湖南通道县城。12日，中革军委临时决定在这里召开紧急军事会议，着重讨论红军战略转移的前进方向问题。这是一次异常匆忙的会议，李德称之为"飞行会议"。与会者有：博古、周恩来、张闻天、毛泽东、王稼祥和李德。另外，伍修权作为李德的翻译也列席了会议。李德、博古认为"我们依靠二军团的根据地，再加上贺龙和肖克的部队，就可以在广阔的区域向敌人进攻，并在湘黔川三省交界的三角地带创建一大片苏区。"

会上，毛泽东提出不要去湘西与红二、六军团会合，因为敌人已调集三四十万兵力准备消灭红军，红军应坚决实行"转兵"，改向敌人力量比较薄弱的贵州进军，在黔北建立根据地，否则等于自钻敌人布设的"口袋"，后果不堪设想。毛泽东明确表示不同意李德的意见，极力说服博古等主要领导人，应改向敌人力量薄弱的贵州前进。他说："应该放弃在长江以南同二军团一起建立苏区的意图，向四川进军，去和四军团会师。"张闻天、王稼祥、周恩来等大多数人赞同毛泽东的意见。但争论并没有结束。因为李德不同意红军入黔，"仍坚持朝二、六军团的方向北进"会合计划；博古虽同意红军入黔，但只是方向改变一下：原先是从桂北直接打通红二、六军团的通路，现在是向黔东进军，然后再向北与红二、六军团会师。原计划仍然没有改变。这次会议虽然通过了毛泽东的建议，但由于中央领导人中意见不统一，故未能对战略转移的大方向作出决定。

会后，中革军委于当日19时半下达了"万万火急"的《我军明十三号继续西进的部署》，仍按李德、博古的意见行事，电令一军团之第二师及九军团应向黎平方向前进，"相机进占黎平"。同时寻机北上，与二、六军团会合。野战军司令部在13日《我军进入贵州动作的部署指示》中指出："我军以迅速脱离桂敌，西入贵州，寻求机动，以便转入北上。”14日，野战军怀念部给二、六军团的指示重申：“我西方野战军已西入黔境，在继续西进中，寻求机动，以便北上。”要求活动于常德一带的二、六军团，策应中央红军北上。

通道会议是中央红军在面临危机的关键时刻召开的一次紧急会议，从危机中挽救了三万多中央红军。会议研究的是纯军事问题，虽然没有就战略方针的转变问题取得一致意见，但是促进了这个问题的解决。尽管会议只是决定“转向”，其意义却不可低估：一是毛泽东的正确意见毕竟被部分采纳了，改向贵州进军，而不是往“口袋阵”里硬钻，这是保存红军有生力量必不可少的前提，正如刘伯承所言“当时，如果不是毛主席坚决主张改变方针，还剩3万红军的前途只有毁灭”。二是与会者开始认识到“转兵”的重要性，认识到毛泽东建议的正确性，“实际上开始了毛泽东在军事上的领导”，这就为以后完全接受毛泽东的“转兵”建议打下了基础；三是在实际行动上已改变了北上湘西的错误战略方针，为实现红军长征落脚点的第一次转变创造了条件。通道会议第一次打破了李德一统天下的格局，打破了“左”的坚冰，从而为尔后黎平会议决策红军战略计划转变，作了必要的准备，也为猴场会议、遵义会议的召开奠定的基础。

黎平会议，使毛泽东的“转兵”建议被完全接受，并通过了纠正王明“左”倾冒险主义军事路线的第一个正式“决定”

通道会议后，红军暂时避开了敌人的追击，这时博古又提出红军要沿二、六军团旧路入黔东转入湘西，然后一直向北，实现会合二、六军团的计划。这种主张实际上代表了李德的观点。而毛泽东则坚持应该放弃在长江以南同二、六军团一起建立根据地的意图，部队应向黔北以遵义为中心的地域进军，新的根据地应在川黔边区。

12月13日，中央红军从通道分两路转兵西进。一路由当时通道县城的县溪进入靖州县的新厂、平茶，然后由新厂、平茶分两路进入贵州。一路由通道的播阳进入贵州的洪州向黎平进军。15日，中央红军占领黎平。这是一座颇为繁华的县城，经毛泽东的建议，部队在此休整三天，又一次召开中央政治局会议。

18日，党中央政治局在黎平召开会议。参加者有：周恩来、博古、毛泽东、陈云、刘少奇等。会议讨论红军的进军路线问题。与会者展开了激烈的争论，多数人仍支持毛泽东的建议。主持会议的周恩来经过慎重考虑，决定采纳毛泽东提出的转兵贵州、在川黔边建立根据地的意见。与会大多数肯定了毛泽东的正确主张，通过了《中央政治局关于战略方针之决定》，决定放弃与红二、六军团会合的原定计划。

决定指出："鉴于目前所形成之情况，政治局认为过去在湘西创立新的苏维埃根据地的决定在目前已经是不可能的，并且是不适宜的"。"政治局认为新的根据地区，应该是川黔边地区，在最初应以遵义为中心之地区，在不利的条件下应该转移至遵义西北地区，但政治局认为深入黔西、黔西南及云南地区，对我们是不利的。我们必须用全力争取实现自己的战略决定。"决定还指出："在向遵义方向前进时，野战军之动作应坚决消灭阻拦我之黔敌部队。对蒋、湘、桂诸敌，应力争避免大的战斗，但在前进路线上与上述诸敌部队遭遇时，则应打击之，以保证我向指定地区前进。"决定最后说："为着保证这个战略决定之执行，必须反对对于自己力量估计不足之悲观失望的失败情绪，及增长着的游击主义的危险。"会议还决定在适当的时候召开政治局扩大会议，以便审查黎平会议的决定和总结第五次反"围剿"以及长征以来军事指挥上的经验教训。

周恩来后来说："从老山界到黎平，在黎平争论尤为激烈，这时李德主张析入黔东，这也是非常错误的，是要陷入蒋介石的罗网。毛主席主张到川黔边建立川黔根据地。我决定采取毛主席的意见，循二、六方面军原路西进渡乌江北上”。这次会议决定的战略转变，不仅把国民党十几万部队甩在湘西，使红一方面军从长征开始后的被动局面中摆脱出来，避免陷入绝境；而且充分说明，大多数同志已经开始摆脱“左”倾军事路线的桎梏，开始转而拥护以毛泽东为代表的正确军事路线。

会后，中央军委立即转发了中央政治局的这一新的决定，并要求各军团首长将中央的决定传达到师及梯队首长。为执行新的战略方针，决定对部队进行整编，撤销八军团并入五军团，军委一、二纵队合并为军委纵队。由刘伯承任司令员、陈云任政治委员、叶剑英任副司令员。12月19日，中央军委根据黎平会议的决议作出了《关于执行中央政治局十二月十八日决定的决定》，即将中央红军分为左、右两个纵队向以遵义为中心的黔北地区前进。

黎平会议最后确定了向贵州转兵的战略决策，毛泽东的正确意见终于被党中央采纳，避免了陷入重围的危险，使红军争取了主动。黎平会议是长征以来具有决定意义战略转变的关键，为遵义会议的召开作了重要的准备。

猴场会议，剥夺了博古、李德的军事“独断权”，恢复了中央政治局的集体领导，为实现黎平会议确定的战略方针和遵义会议的召开提供了可靠的组织保证

黎平会议虽然解决了红军最为紧迫的战略方向问题，但缺乏必要的思想和组织保证。博古、李德这时仍然是“三人团”的主要人物。他们的思想并没有转变过来，当红军前进到乌江地区时，李德又提出在川黔边转入反攻，消灭国民党的追击部队，其目的是不愿意渡乌江，仍然企图向东进至湘西与二、六军团会合。李德的计划严重威胁着转兵贵州这一战略行动的最后完成，并引发了新的争论。

12月31日，军委纵队到达猴场（草塘）。为确定红军进入黔北地

区以后的行动方针，中央政治局于1935年1月1日又在瓮安的猴场召开会议，再次就行动方针进行讨论。"左"倾领导者在会上提出：中央红军不过乌江；在乌江南岸消灭小部黔敌及土匪；东去湘西与红二、六军团会会。毛泽东坚决反对这些意见，指出红军应在川黔边地区迂回战斗，以便粉碎蒋介石的围追堵截，坚持北渡乌江向以遵义为中心的黔北地区前进，在川黔边建立新苏区根据地。与会多数同志赞成毛泽东的意见，再次否定了"左"倾领导者的错误主张。

会议决定红军北渡乌江，并作出了《中央政治局关于渡江后新的行动方针的决定》。"决定"指出：中央红军应"立刻准备在川黔边广大地区内转入反攻，目的是和蒋介石主力部队作战，首先消灭他的一部以彻底粉碎五次'围剿'，建立川黔边新苏区根据地。首先向以遵义为中心的黔北地区然后向川南发展，是目前最中心的任务"。"决定"还作了一条重要规定："关于作战方针以及作战时间与地点的选择，军委必须在政治局会议上作报告"，以加强政治局对军委的领导。这个决定恢复了政治局的应有权力，"三人团"的最高军事指挥权受到了限制，使从黎平会议开始的战略转变得到了可靠的组织保证。

通道会议、黎平会议、猴场会议，虽然还没有完全红军转危为安，但使党和红军的命运有了重大转机，比如，在思想上，虽然没有完全澄清是非，但大多数同志已开始认识到"左"倾冒险主义路线的危害；在军事上，虽然没有从根本上纠正博古、李德的错误路线，但毛泽东的正确主张已为大多数同志、包括犯过"左"倾错误的同志所接受；在组织上，虽然实权仍掌握在博古、李德手中，但他们已不能独掌军事指挥大权。第三次会议，为遵义会议的最终召开在思想上组织上作了准备，促进了中国革命历史上的伟大转折——遵义会议的到来。

（节录自江苏省中共党史学会编：《中共党史论丛第十辑》，中共党史出版社2016年版）

遵义会议与毛泽东领导地位的确立

/蒋建农

关于遵义会议是否确立了毛泽东在党和红军的领导地位问题，长期以来学术界形成了“确立说”“重新确立说”“实际上确立说”“没有确立说”等几种观点。那么，遵义会议到底是否确立了毛泽东在党和红军的领导地位呢？

遵义会议是否确立了毛泽东的领导地位问题，可以从“遵义会议”和“遵义会议时期”两个概念，即从遵义会议本身和从遵义会议的酝酿、召开及其决议的最后通过乃至下发、传达与贯彻这一完整的历史过程进行考察。遵义会议是中国共产党历史上影响深远的伟大转折，为了更准确地认识它在确立毛泽东领导地位问题中的重要作用，应把视野往前回溯到红军长征开始后遇到的几次大的挫折、往后延伸到三大主力红军胜利会师和中国革命新高潮的兴起。

一

首先看遵义会议召开前的情况。

第一，毛泽东是在危急关头力挽狂澜的首要人选

众所周知，毛泽东是中央红军的主要缔造者和中央苏区的主要开创者之一，他在革命斗争实践中所摸索出的红色政权理论、农村包围城市道路和一整套切合中国革命实际的军事思想与战略战术，是当时革命根据地由小到大、红军由弱到强的重要指针。但是，随着王明"左"倾教条主义路线在中央苏区的贯彻和对红军指挥权的把持，在1932年10月召开的宁都会议上，毛泽东的军事思想和作战方针受到进一步的指责，毛泽东也被完全剥夺了对红军的指挥权。虽然在随后进行的第四次反"围剿"中，由于周恩来和朱德等继续实行毛泽东既往的军事方针，从而胜利地粉碎了敌人的"围剿"，但之后，受"左"倾教条主义的影响而采取的红军主力分兵出击、地方武装升级组建主力军团准备与国民党军"总决战"等军事冒险行动，已经为第五次反"围剿"的失败埋下了伏笔。以博古为首的临时中央进入中央苏区后，奉行分兵把守、短促出击、以堡垒对堡垒、决不丧失苏区一寸土地等军事教条主义主张，实际军事指挥权逐步地为既不了解中国国情、更不了解苏区实际的李德等所把持。他们实行一条进攻时的冒险主义、防守时的保守主义和退却时的逃跑主义的错误军事路线，导致第五次反"围剿"节节失利。1934年5月广昌战役失败后，在中央苏区面临失守的情况下，中央书记处决定成立"三人团"，负责筹划和领导红军的战略转移。此后，"左"倾教条主义军事路线继续发展，并最终使被迫进行战略转移的中央红军在湘江战役后陷入生死存亡的危险境地。惨痛的教训教育了全党和全军，毛泽东成为他们心目中替代已经走投无路的"左"倾教条主义者、指挥红军重新走向胜利的首要人选。

第二，毛泽东是红军转兵贵州摆脱危机的主导者之一

当时，把持中央和红军领导的"左"倾教条主义者，将摆脱危机的希望完全寄托于既定的到湘西同红二、六军团会合上，他们幻想先放下包袱，再回过头来粉碎敌人的"围剿"；毛泽东则在深刻洞察红军面临的危险处境基础上认为，当时最要紧的是如何尽快摆脱强敌的围追堵截，掌握战场的主动权。他坚决反对那种不顾蒋介石已经在通往湘西的途中布置了十几万大军的口袋阵，还要硬往里钻的做法，明确提出改向敌人力量薄弱的贵州前进。

转兵贵州本来是依据当时的客观实际为挽救危局而不得不采取的有效措施，却因为触及教条主义者僵化的军事指挥问题而变得异常艰难。毛泽东通过运用"党指挥枪"的原则和充分发挥党中央集体领导的作用实现了这一转变。"党指挥枪"是人民军队创建之初，在"三湾改编"时就确立的原则，并为各路红军在以后的斗争实践中所严格遵循。湘江战役后，毛泽东力主转兵贵州，经过在老山界的争论和通道会议上的讨论，得到了包括"三人团"成员之一的周恩来在内的多数同志的支持。此后召开的黎平会议，进一步以中共中央政治局决定的形式明确："政治局认为过去在湘西创立新的苏维埃根据地的决定在目前已经是不可能的，并且是不适宜的。"在1935年1月1日举行的猴场会议上，为了削弱"左"倾教条主义者对红军的指挥权，中共中央再次以政治局决定的形式强调："关于作战方针，以及时间与地点的选择，军委必须在政治局会议上做报告。"这样，不仅保证了转兵贵州决定的实施，而且在很大程度上限制了"三人团"的军事指挥权。正是因为成功地转兵贵州，红军暂时摆脱了国民党军的围追堵截，得到休整之机，从而使全军看到了希望，这是遵义会议能够顺利召开的重要前提。

第三，毛泽东是召开遵义会议的主要发动者

从长征开始，围绕红军的前途和命运，以毛泽东为代表的部分中央领导同志和绝大多数红军将领与"左"倾教条主义者的斗争渐趋白热化。毛泽东不仅适时提出正确的进军路线和作战方针，而且对王稼祥、张闻天及一些红军干部进行深入细微的工作，耐心细致地分析形势，指出当时的军事路线的错误。关于这一点，有很多众所周知的史料为证，这里不再一一列出。需要强调的是，美国作家索尔兹伯里在《长征——前所未闻的故事》中，把毛泽东与张闻天、王稼祥的交流，称之为"担架上的阴谋"，但事实并不是这样。当时毛泽东除了主动地与相关同志在会下分别交流意见，更多的是在通道会议、黎平会议、猴场会议等党的正式会议上毫无保留地亮明观点，直接与李德、博古等交锋，表现出一个革命领袖不计个人得失，坦坦荡荡、表里如一的气度与胸怀。黎平会议正是根据毛泽东在会上的意见通过了《中央政治局关于战略方针之决定》，并决定到遵义地区后召开会议，总结第五次反"围剿"以来军事指挥上的经验教训。

总之，遵义会议前，广大红军指战员把扭转危机的希望寄托于毛泽东重新出来指挥红军，而且毛泽东本人已经义无反顾地回到了中国革命历史的中心舞台上。

二

遵义会议正式开会的时间只有三天，主题是总结第五次反"围剿"的经验教训和确定红军之后的行动方针。其主要成就有三：

其一，会议全面总结了第五次反"围剿"之后军事指挥的得失，集中批判了"左"倾教条主义的错误军事路线，重新肯定了毛泽东所代表的正确军事路线及其战略战术，并将其确定为红军之后的作战方针。这在张闻天的"反报告"和毛泽东及绝大多数与会者的发言中，得到了充分体现。

其二，会议剥夺了"左"倾教条主义者的军事指挥权，取消了"三人团"的军事指挥体制，决定仍由最高军事首长朱德、周恩来为军事指挥者，而周恩来是党内委托的在指挥军事上下最后决心的负责者；"扩大会完毕后中常委即分工，以泽东同志为恩来同志的军事指挥上的帮助者"。这标志着军事指挥体制的转变和毛泽东重新回到军事指挥的最高决策层。

其三，会议增补毛泽东为中央政治局常委。这是党的六届五中全会召开整整一年后，中央领导核心层的又一次重要变动。一年前召开的六届五中全会决定设立中央书记处（又称中央政治局常委会），由博古、张闻天、周恩来、项英、陈云等为书记处书记。遵义会议增补毛泽东为中央政治局常委，是正式的组织决定，这标志着毛泽东进入中央领导核心层。不仅如此，毛泽东在遵义会议上的长篇发言，得到绝大多数与会者的赞同和支持，周恩来发言时就全力推举毛泽东来领导红军之后的行动。他的倡议得到多数人的拥护。杨尚昆曾回忆说："会上，许多同志要求毛主席代替博古领导全党工作，这是众望所归。但毛主席不愿意，说他身体不好，有病。"因此，遵义会议决定，以后在"常委中再进行适当的分工"。在随后酝酿更换党的"总负责人"时，据周恩来回忆：中央红军一渡赤水向云南扎西行军途中，洛甫首先提出中央要变换领导，他说"博古不行"。毛泽东找周恩来商量，把洛甫要求变换中央领导的意见告诉了他。周恩来毫不犹豫地说："当然是毛主席，听毛主席的话。"毛泽东说："不对，应该让洛甫做一个时期。"可见，在当时大家的心目中，毛泽东就是党的最高领导职位的首要人选，只不过是因为他个人坚决不同意而作罢。

总之，遵义会议已经确立了毛泽东在党和红军的领导地位。这不只是因为他和周恩来、朱德一起承担最高军事指挥的职责，也不只是因为他成为党中央最高领导层的核心成员，而加重了他在党和军队的发言权，更主要的是因为在中国共产党和中国革命命运转折的特定历史条件下，毛泽东一贯力行的军事路线和作战方针重新为党中央所接受，成为指引红军转危为安的行动指南。

必须注意的是，不能简单地因为当时毛泽东没有担任党和军队的最高领导职务，而否定遵义会议已经确立了他在党和红军中的领导地位这一事实。反过来问，遵义会议并没有立即改变博古在党内负总责的地位，那么，他在遵义会议后还没有移交职务给张闻天以前的那段时间里所发挥的作用，能够和毛泽东相比吗？毛泽东在遵义会议上及其以后一段时间里之所以谢绝担任最高领导职务，至少有如下三个原因：一是自党的二大确立了与共产国际的组织隶属关系后，我们党主要领导人的更迭和重大的决策都要听取甚至是完全秉承共产国际的意见。虽然在长征出发前夕，党中央和红军总部与共产国际的电讯联络意外中断，客观上使得遵义会议能够由我们党自主召开并决定各项事宜，但是，能否立即全面更换原来经共产国际批准的党和军队最高领导人选，是毛泽东和中央其他领导人不能不顾虑的问题。二是遵义会议是在党和红军生死攸关的危急时刻召开的，当时最紧迫的是解决军事路线问题。为顺利解决这一问题，同时也是为避免更多的争论和分歧，毛泽东等在遵义会议上非常策略地肯定“党中央的政治路线无疑义的是正确的”；会议虽然对博古等人进行了严厉批评，但是并没有撤销他们的职务；会议采用恢复红军总司令和总政委领导体制的办法，替代“三人团”的指挥机制，显得更顺理成章，便于人们接受。三是从操作层面看，毛泽东不担任党和红军的最高领导职务，能更好地发挥民主集中制的作用，使领导决策更科学，更易于贯彻实施。上述做法，避免和减轻了因人事变动造成的震动和影响，维护了全党与全军的紧密团结和高度统一。在后来反对张国焘分裂主义的斗争中，博古、凯丰等一些在遵义会议上受到批评并仍然坚持自己错误观点的同志，包括被剥夺军事指挥权的李德，都坚定站在党中央一边，同张国焘的分裂主义行径进行斗争。这也体现了毛泽东在遵义会议上及其以后一段时间里谢绝担任最高领导职务这一做法的高超智慧和深远考虑。

三

遵义会议后，毛泽东对全党和全军的领导主要集中体现在三个方面：

第一，在粉碎国民党军围追堵截争取长征胜利方面

持“没有确立说”观点的论者，把1935年3月10日中央政治局扩大会议否决了毛泽东关于不同意进攻打鼓新场战斗的意见，并免去毛泽东在一个星期前刚刚担任的前敌司令部政委职务一事，作为重要论据。那么，该如何看待这一问题呢？

遵义会议后的四渡赤水之战是决定党和红军命运之战，是在中央红军士气最低落、身心最疲惫、处境最艰难的情况下进行的一场生死攸关的绝地反击；对于被推到历史大潮浪尖上的毛泽东来说，则是对其军事指挥才能和军事思想的最直接的检验。毛泽东和他的战友们面临着如何维系党和红军的团结、如何肃清“左”倾教条主义错误军事路线的影响、如何把因无根据地依托所造成的困难降到最低、如何克服高山大河等恶劣自然环境，特别是如何突破十倍于己的国民党军队的重重包围等一系列严峻情况的挑战。从军

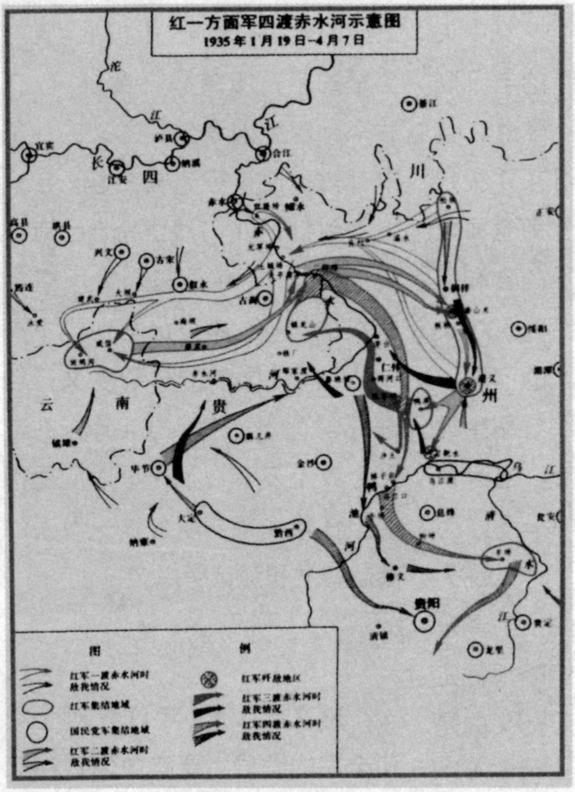

红一方面军四渡赤水河示意图

事学角度看，指挥四渡赤水之战有别于在井冈山和中央苏区毛泽东领导粉碎敌人"围剿"时的战役指挥，而是牵一发而动全身，事关红军生死和中国革命存亡的具有重大战略意义的战役指挥。当时形势之危急、问题之复杂、压力之巨大、任务之艰险，在毛泽东的军事生涯中可以说是空前的。从1935年1月下旬离开遵义到5月9日全军渡过金沙江，长达四个月时间。在这期间，毛泽东的战略思想和战术安排并不是一下子就形成了的，而是随着战场形势的变化而不断调整和充实。不要说红军作战部队的基层干部和普通战士，就是在中央决策层和高级红军将领中，能够完全理解毛泽东战略意图的也为数不多。特别是在当时的危急形势下，客观上也不允许把全局的作战计划悉数、及时告知分路行军的各军团首长。因此，质疑甚至是责难在所难免。打鼓新场之争是当时大大小小诸多争论之一，相对于过去"三人团"的独断专行而言，这是遵义会议之后军事民主和党内民主健康发展的新气象，也是毛泽东重新肩负军事指挥重任后的一个插曲。在自己的意见被否决，并被免去前敌司令部政委职务的当天晚上，一切以革命利益为重的毛泽东，又打着灯笼找周恩来反复陈述利害，打动了周恩来，继而又说服了朱德。第二天中央政治局继续开会，大家又都赞成了毛泽东的意见，放弃了进攻打鼓新场的计划。鉴于战场形势瞬息万变，3月12日，中央政治局再次举行会议，根据张闻天的提议，决定由周恩来、毛泽东、王稼祥组成新的"三人团"，全权指挥军事。这说明，毛泽东的领导地位不仅没有因为打鼓新场争论而动摇，反而得到加强。

必须强调的是，当时即使是毛泽东也无法立即改变敌强我弱这一基本事实，他在指挥四渡赤水之战时，只能在客观条件许可的范围内去争取最大的胜利。因为对敌情判断不明，他也有过指挥土城战斗和鲁班场战斗失利的事例。但是，和"左"倾教条主义者不同，毛泽东把打破敌人围追堵截的现实任务和重建根据地的既定目标，有机地统一起来。他不为寻找新根据地所束缚，而是依据战场实际，时而向北摆出同红四方面军会师的态势，时而又回头显露出要与红二、六军团会合的趋向，把包袱甩给敌人，机敏地调动敌人，在赤水河两岸与强敌周旋。这其中，至为重要的是采取了灵活机动的战略战术和正确的军事路线。正如2月16日中共中央和中革军委发布的《告全体红色指战员书》所指出的："为了有把握地求得胜利，我们必须寻求有利的时机与地区去消灭敌人。在不利的条件下，我们应该拒绝那种冒险的没有胜利把握的战斗。因此，红军必须经常地转移作战地区，有时向东，有时向西，有时走大路，有时走小路，有时走老路，有时走新路，而唯一的目的是为了在有利条件下求得作战的胜利。"他根据敌情变化，率领中央红军反复往返于赤水河两岸，佯攻贵阳，威逼昆明，巧渡金沙江，在十倍于己的国民党几十万大军中往来穿插，彻底改变了遵义会议前红军的被动局面，牢牢掌握了战场主动权，在惊涛骇浪中杀出一条生路，最终摆脱敌人重兵的围追堵截，与红四方面军在四川懋功地区会师。

与红四方面军会师后，8月19日，中央政治局常委会召开沙窝会议调整常委们的分工，正式决定毛泽东负责军事工作。这表明毛泽东在遵义会议前后的军事指挥得到党中央的充分肯定，他成为党内"在军事指挥上最后下决心的负责者"。长征抵达陕北后，11月3日，毛泽东担任西北革命军事委员会主席；三大主力红军会师后，1936年12月7日，毛泽东又任中央革命军事委员会主席团主席。从此一直到逝世，他始终是人民军队的最高领导人。

第二，在维护和促进全党、全军的团结方面

学术界在论及遵义会议时普遍认为，当时只集中解决了军事路线和军事指挥问题，没有触及政治路线问题。一般来说，政治路线是指党的纲领在一定历史时期的具体表现。的确，遵义会议没有解决党的政治路线中如何正确对待中间阶级的问题（这是八七会议和党的六大以后长时间没有解决的问题），更没有涉及九一八事变后因中日矛盾逐渐上升为主要矛盾，党的政治路线应该做相应转变的问题。但是，遵义会议时期的党内斗争，大量涉及与政治路线息息相关的思想路线和组织路线以及党内政治生活方面的内容。遵义会议决议就强调："必须指出这种错误对于××同志（指博古）不是整个政治路线的错误，而是部分的严重的政治错误。但这一错误如果坚持下去，发展下去，则必然会走到整个政治路线的错误。"遵义会议时期，从转兵贵州和相继在川黔边、川西、川滇黔、川陕甘探索进军方向，到最后确定在陕甘地区建立根据地，是依据实事求是的思想原则，认真分析进军方向地区敌我力量、阶级关系、民族状况和经济发展水平等因素后，逐步明确的；纠正"左"倾教条主义错误军事路线、改变军事体制、调整和充实中央领导核心、重新起用过去受到错误打击的同志等，是通过充分发扬党内民主、坚持集体领导、完善党的组织路线来实现的；而积极地开展党内斗争、坚持民主集中制、贯彻党指挥枪的原则和坚决维护党中央的权威与团结统一，则是战胜张国焘分裂主义的有力武器。毛泽东重申并进一步阐明了上述原则、方针和思想，融会贯通地将其运用于遵义会议时期的伟大斗争实践，克服了"左"倾教条主义和右倾分裂主义的严重挑战，极大地维护了全党和全军的团结，为最终战胜国民党军的围追堵截和极端恶劣的自然环境困扰，使中国革命转危为安，提供了思想保证和组织保证。

第三，在创建新的革命根据地和迎接中国革命新高潮方面

能否找到和建立新的根据地作为立脚点，关系到红军能否真正转危为安，也关系到长征最终能否胜利。肩负军事指挥重任的毛泽东在创建新根据地的斗争中也发挥着举足轻重的作用。在率领中央红军渡过金沙江后，他将寻找新根据地的目光投向了中国西北。毛泽东主要基于以下考虑：

首先，20世纪30年代，中国革命的中心发生转移。在传统的革命中心——中国南方，自叛变大革命后建立起南京国民党新军阀政权的蒋介石集团，在与新旧军阀的混战中逐渐胜出，并在1928年底从形式上完成了对全国的统一，其反动统治日渐巩固；而北方的反动封建统治势力自辛亥革命起，迭遭资产阶级民主革命力量的打击，并在与国民党新军阀的混战中落败；与此同时，在日本帝国主义发动九一八事变后，东北沦陷，华北危机，抗日救亡运动风起云涌，中国北方成为新的革命高潮的风暴眼。以毛泽东为代表的中国共产党人，亲身经历了南方各路红军反"围剿"的失败与根据地的丧失，以及遵义会议后在川西和川滇黔等地建立根据地的努力落空，对中国革命中心自南向北大转移的历史趋势，产生了切身体会。其次，为了得到更可靠、更有力的战略依托与支持，毛泽东和他的战友们把进军的方向指向与苏联接壤的中国北方和西部地区，向西北进军，"打通国际线"，成为这时确定战略发展方向的重要因素。再者，反抗日本帝国主义侵略，拯救中华民族于危机之中，一直是毛泽东关注的焦点。在中央苏区他领导发动宁都起义时一个很重要的旗号就是"联合抗日"；以他为主席的中华苏维埃中央临时政府不仅在1932年4月就发表宣言，正式对日"宣战"，还曾与爱国抗日的国民革命军第十九路军签订了抗日停战协定；作为配合主力红军战略转移重要棋子的红七军团和红二十五军，都是以"中国工农红军抗日先遣队"的名义踏上战略转移征途的。在刚刚摆脱国民党军的围追堵截后，毛泽东就在1935年6月29日的中央政治局常委会议上明确提出：要在部队中宣传反对日本帝国主义，反对放弃华北，并认为"这最能动员群众"。这样他就把北上抗日与建立川陕甘革命根据地的进军方向联系起来，实际就是把革命低潮时的退却（被迫寻找立足的新根据地），同迎接革命新高潮的进攻联系起来了。

在与张国焘的分裂行径进行坚决斗争的过程中，1935年9月9日，毛泽东率红一、三军（即红一、三军团，后改称陕甘支队）先期北上后，又对其在川陕甘建立根据地的设想作了局部调整。9月27日，在榜罗镇召开的中央政治局常委会议上，毛泽东等根据新了解到的陕北还保存有一片苏区和相当数量的红军这一新情况，确定前往陕北，在那里保卫和扩大根据地，作为领导中国革命的大本营。抵达陕北后，毛泽东和党中央，一方面系统阐述了建立最广泛的抗日民族统一战线的战略思想，完成了党的政治路线的转变，全面调整了政策策略，下大气力开展建立抗日民族统一战线工作，并制定了以西北地区抗日民族统一战线带动全国抗日民族统一战线的战略方针，最终促成第二次国共合作。与此同时，毛泽东及其战友们先后胜利地部署和指挥了直罗镇战役、东征战役、西征战役、山城堡战役等。此外，他们还直接领导了迎接红二、四方面军北上和策应因发动西安事变而遭国民党中央军进攻的东北军、西北军的军事行动。这些军事行动和红二、四方面军的北上，以及西路军的英勇远征，粉碎了国民党军的"围剿"，大大拓展了苏区，使原来的陕甘苏区发展成为以延安为首府，辖陕西、甘肃、宁夏三省26个县、200万人口的陕甘宁革命根据地。这标志着长征获得最终的胜利和国民党军围歼红军企图的彻底破产，中国共产党和红军有了新的落脚地和出发点，中国革命在抗日民族统一战线的旗帜下掀起了新的高潮。

总之，遵义会议本身虽然并没有推举毛泽东"在党内负总责"，也没有让他成为"最后在军事指挥上下决心的负责者"，但是，在贯彻和运用遵义会议精神的过程中，在领导各路红军粉碎国民党军的围追堵截并取得长征胜利的英勇斗争中，在克服"左"倾教条主义和右倾分裂主义挑战、维护全党与全军团结统一的过程中，在创建新的革命根据地的艰辛探索中，在完成党的政治路线的转变并最终促成全国抗日民族统一战线的伟大历程中，毛泽东都发挥了无可替代的领导作用，成为全党和全军当之无愧的领导核心。

四

遵义会议确立了毛泽东在党和红军的领导地位，是这段历史亲历者的共识。时任中央政治局常委的陈云非常清楚遵义会议并没有推举毛泽东担任党和红军的最高领导职务，但是，他在向共产国际执行委员会书记处报告遵义会议情况时就表明："我们撤换了'靠铅笔指挥的战略家'，推选毛泽东同志担任领导"。张闻天遵义会议后接替博古"在党内负总责"，他在1943年12月明确指出："遵义会议改变了领导，实际开始了以毛泽东同志为领导中心的中央的建立。"邓小平在遵义会议前夕刚刚再任中央秘书长，他在40多年后审阅《关于建国以来党的若干历史问题的决议》草稿时，明确要求删掉原稿中"遵义会议实际上确立了毛泽东同志在红军和党中央领导地位"一语中的"实际上"三个字。他说他当时是党的秘书长，是遵义会议的与会者。会后的行军中，他和毛泽东、周恩来、张闻天等是在一起的。每天住下来，要等各个部队的电报，一直等到深夜，再根据这些电报确定红军的行动。在重要问题上，大都是毛泽东出主意，其他同志同意的。尽管名义上毛泽东没有当什么总书记或军委主席，但他实际上对军队的指挥以及在重大问题上的决策，都为别的领导人所承认。

遵义会议确立了毛泽东的领导地位这一事实，也被载入中国共产党的历史。1945年4月21日通过的《关于若干历史问题的决议》这样评价遵义会议:"这次会议开始了以毛泽东同志为首的中央的新的领导,是中国党内最有历史意义的转变。"1981年6月27日通过的《关于建国以来党的若干历史问题的决议》认为,遵义会议"确立了毛泽东同志在红军和党中央的领导地位,使红军和党中央得以在极其危急的情况下保存下来,并且在这以后能够战胜张国焘分裂主义,胜利完成长征,打开中国革命的新局面。这在党的历史上是一个生死攸关的转折点"。

总之,中国共产党经过成立后的长期磨难与锤炼特别是遵义会议前后血与火的洗礼,已经成长为一个成熟的马克思主义政党,成熟的一个重要标志就是形成了以毛泽东、周恩来、朱德等组成的稳定的领导核心,他们和一同参加过遵义会议的刘少奇、陈云、邓小平等人,以及经过长征到达陕北的任弼时等人,后来成为党的第一代中央领导集体的主要成员。如果没有这个稳定、成熟的领导群体,就不可能在遵义会议上开始独立自主地确定自己的路线,从而否定"左"倾教条主义的错误军事路线,并剥夺其领导权,长征就不可能出现根本转机;如果没有在四渡赤水等生死较量中的检验,遵义会议的精神就得不到切实传达和贯彻,毛泽东的领导地位和他所代表的正确军事路线就不可能得到巩固,也就不可能摆脱国民党军队的围追堵截,取得长征的主动权;如果没有形成以毛泽东为核心的中央领导集体及其坚强有力的领导,就不可能战胜张国焘右倾分裂主义所造成的严重危机,也就不可能有各路红军会师西北,并最终取得长征的伟大胜利。陈云当年在向共产国际的报告中就把党的成熟作为长征胜利的重要原因,他指出:"我们党真正成熟起来了,尤其是党的领导人成熟了。它在国内战争的炮火中得到了锻炼,的确变得有能力领导像我们的西征这样光荣伟大的事业。"

(摘自《党的文献》2016年第1期,标题为编者所加)

遵义会议后毛泽东的神奇用兵 /石仲泉

四渡赤水出奇兵

遵义会议后，中央红军原定经赤水从泸州、宜宾之间北渡长江。后来敌情不断发生变化，这就开始了四渡赤水的穿插转战。

从2003年始，我多次考察过赤水河流域。它为喀斯特地貌，也多丹霞特征，以"每雨涨水，色深赤"得名。赤水发源于云南镇雄乌蒙山脉北麓，其中游是黔、川两省的界河。河两岸群山陡峻重叠，河谷深切狭窄，宽处二三百米，窄处仅百多米，岸边悬崖高出河面在200米至400米之间。远处看，似条弯曲玉带；走到近处，岸坡达60度左右，无路下河，水流奔腾湍急。所谓赤水四渡，是分别在土城、元厚场、九溪口、太平渡、二郎滩、茅台六个渡口，先后四次过赤水。这六个渡口间相距100多公里。

（一）一渡赤水和"鸡鸣三省"会议

1935年1月下旬，红军分三路从遵义向西北行，先后抵达土城地区。由于川军先于红军进入赤水县城，阻止红军北进，后面尾追的敌军又紧逼上来，重新直接指挥红军的毛泽东，主张在距土城镇西北五六里的青杠坡打一个阻击战，消灭尾追敌军。土城在赤水河中游东岸，是黔北入川的要冲（令属习水县），历史上既是古盐道上驰名的水陆码头，也是历代兵家必争之地。土城战斗在1月28日拂晓打响。这是毛泽东“出山”后决策打的第一仗。这一仗没打好。我两次考察过战场遗址，看了当年的作战地形和双方的兵力部署态势。原来青杠坡是个狭谷地带，红军先利用公路附近的小山头包围了敌军，后来敌军增援部队又占领稍远的大山头，对红军进行反包围。敌军凭借居高临下的有利地位，又有优势装备，作战形势立刻改变。红军前半段打得顺利，但后半段处境非常困难。当时决策的不周在于，一是对敌军兵力数目和战斗力状况，特别是增援部队加入战斗的情况估计不足；二是红军的部署没有占领大山头，没控制制高点，作战地形极为不利。当敌军进逼到军委指挥部前沿时，中革军委主席朱德亲自冲上前沿阵地，指挥军委干部团和红一军团与红三军团共同拼死奋战。当晚，政治局和军委召开紧急会议，决定改变由赤水城北上渡江计划，立即突围撤出青杠坡，西渡赤水河，再相机行事。朱德、刘伯承继续指挥红军坚持战斗，周恩来负责指挥在天亮前架好浮桥，陈云负责处理笨重物资。1月29日凌晨，红军大部队分左中右三路，从猿猴场（今元厚）、土城两个地段的渡口西渡，向川南古蔺、叙永方向前进。这就是一渡赤水。当追敌赶至河边时，见到已炸的浮桥及其他渡河器材顺水流淌，隔岸兴叹。

中央红军在土城一渡赤水后，向川南前进。1935年2月5日，即农历春节之际，军委纵队到了川滇黔三省交界的一个叫“鸡鸣三省”的地方。中央政治局在这里开会，常委作了新的分工。根据毛泽东的提议，决定由张闻天在党中央负总责；博古改任红军总政治部代理主任（红军长征出发时，主任名为王稼祥，实由李富春代理）。同时，决定以毛泽东为周恩来在军事指挥上的帮助者。这就是所谓“鸡鸣三省”会议。1943年延安整风期间，周恩来讲述这个会议的情况说：遵义会议后，博古继续领导困难，再没有人服了。当部队行进到四川、贵州、云南交界地方，在一个叫“鸡鸣三省”的庄子里，毛主席把我找去说，洛甫（即张闻天）现在要变换领导。本来是要让毛主席来代替博古的，毛主席说服了大家，就让洛甫做了。1972年6月，周恩来做党的历史长篇报告，讲到这件事又说：土城战斗后渡了赤水河。我们转战到四川、贵州、云南交界地方，有个庄子名字很特别，叫“鸡鸣三省”，鸡一叫三省都听到。就在那个地方，洛甫做了书记，换下了博古。

这个“鸡鸣三省”的村子究竟在哪里？目前党史学界还没取得共识。我在考察“四渡赤水”时，踏访“鸡鸣三省”地域，寻找“鸡鸣三省”会址。经过考察，知道它有狭义和广义之分。

狭义的“鸡鸣三省”地域，指的是川滇黔三省交界的岔河一带。这里崇山峻岭，赤水河源头的倒流水切断川滇丛山，呈南北走向，是川滇两省的自然分界线；还有一条渭河，截开滇黔峻岭，呈东西向，是川黔两省的自然分界线。川滇黔三省在这里各形成张开的扇形山地，岔河口是三面扇形的接合部，其形状如英文的大写“T”字——上面一横的对岸是贵州，一竖的右边是云南、左边是四川。我们站在四川这边山腰的崖边，低头看河水如临万丈深渊，抬头看山全是陡峭绝壁。三面张开的扇形山地对峙相望，形成的特殊自然景观一目了然。看两河的对岸两省，近在咫尺；但要到对岸去非常难。很早以前，分属三省的岔河住有三户人家，直线距离均为200米左右，任何一家鸡叫，三户皆闻。故有‘鸡鸣三省’之称。临河一带，早已没有住户。这个小范围的岔河地区是原本意义上的“鸡鸣三省”，当年国民党军已派兵把守，红军没到这里来，更不可能到此开会。

目前讲的“鸡鸣三省”范围较大，即以岔河口为核心的方圆数十里的川滇黔三省地带，属于广义的“鸡鸣三省”。比较多的材料倾向于，"鸡鸣三省"那个村子在云南省威信县水田寨、花房子一带。

（二）从扎西会议到二渡赤水

"鸡鸣三省"会议后，中央红军于旧历正月初三到达云南东北边陲的威信县扎西。"扎西"乃彝语，意为仓库所在地，说明它是军事和商贸重镇。这里属乌蒙山脉，为少数民族聚居地，荒凉贫瘠，人烟稀少。

1935年2月上旬，中央政治局召开会议。主要讨论通过遵义会议决议，决定由中央领导人分别向中央红军各部传达，并将"决议大纲"电告在中央苏区坚持斗争的中央分局和红二、六军团及红四方面军，令其传达贯彻。此外，还根据敌情变化，确定中央红军新的战略行动方针。鉴于川滇追敌有向红军形成夹击之势，而黔北敌军兵力空虚，决定回师东进，在川滇黔边先作发展。会议还决定：为便于机动连续作战，对中央红军各军团实行整编，除保留干部团外，全军缩编为16个团，分属第一、三、五、九军团指挥。同时扩红3000多人，充实了红军作战力量。会后，红军迅速转兵东进。

2月15日，军委纵队进抵川南古蔺县白沙地区，中央政治局和军委举行会议，决定在太平渡、二龙滩等渡口二渡赤水河。中央红军为摆脱敌军的夹击，在川滇黔边来回翻山越岭，东突西奔，穿插行军，这样的战略战术是过去的军事领导不曾用过的，也是许多干部战士未曾见过的。一些人不理解，对中央放弃北渡长江的战略方针产生疑虑。为了使全军指战员明确新的作战行动的目的和任务，增强战斗信心，会议决定开展宣传教育，加强思想政治工作。中共中央、中革军委发布《告全体红军战士书》，指出："为了有把握地求得胜利，我们必须寻求有利的时机与地区去消灭敌人，在不利的条件下，我们应该拒绝那种冒险的没有胜利把握的战斗。因此红军必须经常地转移作战地区，有时向东，有时向西，有时走大路，有时走小路，有时走老路，有时走新路，而唯一的目的是为了在有利的条件下求得作战的胜利。”中央要求全体红军战士，鼓起百倍的勇气，提高作战决心，为创造新的云贵川新苏区而斗争！

2月18日至21日拂晓，中央红军各部分别从太平渡、二郎滩、九溪口全部渡过赤水河。

2003年1月上旬，我考察二渡赤水时，古蔺党史研究室老主任给我讲了他们所了解的贺子珍分娩白沙村的情况。索尔兹伯里在《长征——前所未闻的故事》和王行娟在《贺子珍的路》一书中都讲了此事。这是毛泽东的警卫员吴吉清告诉他们的，他当时照顾贺子珍。根据这个线索，古蔺党史办作了反复调查核实，了解到贺子珍分娩就在白沙。老主任说：红军部队是1935年2月15日进驻白沙的。部队在白沙休整，准备二渡赤水。在那天傍晚，有几个女战士扶着快要临产的贺子珍到街上一户老婆婆家，借个地方生小孩。当天晚上，贺子珍生下了女孩。这是她的第四个孩子。天亮前，贺子珍跟着毛泽东赶队伍走了。毛泽民的爱人钱希钧抱着婴儿追上来，对贺子珍说：你赶快给小孩取个名字，或者留个什么东西，日后也好相认。贺子珍摇了摇头说：不用了，革命的后代就让她留在人民当中吧。孩子将来要是参加革命，我们日后可能相见；如果不参加革命，就让她留在人民中间，做个老百姓吧！钱希钧带着休养连负责人董必武的一封短信和几块光洋，请老婆婆代为抚养。老婆婆给小孩取了个名字，细心照料。但是，在红军走后3个月，这个女孩满身长毒疮没能活下来。

古蔺党史研究室老主任说：我们调查这个事不是为别的。弄清这段史实，一是让人们进一步了解红军长征是多么艰难困苦，昭示后人幸福生活来之不易；二是让贺子珍同志了却一桩心事。她是我们党内难得的一位坚强而又善良的老人，一生不幸。生了那么多孩子，活下来的只有一个。我

中央红军四渡赤水的渡口之一——太平渡

们查清楚了，老人在九泉之下也许会得到一点慰藉。这也算尽到了党史工作者的一份心。

（三）苟坝会议和三渡赤水

红军二渡赤水后，即向敌人兵力空虚的贵州桐梓地区急进。川军慌忙由扎西调头向东追击，黔军急冲冲地向桐梓增援，国民党中央军向遵义开进，企图围歼红军于娄山关、遵义一带。红军以迅雷不及掩耳之势，先是重占桐梓、二取娄山关，继又再克遵义城。这样，从2月24日至28日的五天内，歼灭和击溃敌军两个师又八个团，毙伤敌2400余人，俘敌3000余人，取得了长征以来最大的胜利。毛泽东的《忆秦娥·娄山关》就是写的这次战斗。他本人自注此词，写道："万里长征，千回百折，顺利少于困难不知有多少倍，心情是沉郁的。"当时红军正遭国民党军围追堵截，来回穿插于川南黔北，是极度困难时期，因此，尽管取得了胜利，该词仍有凝重感、悲壮情。

红军的神速行军和运动作战的胜利，使蒋介石气急败坏地飞抵重庆，部署对红军的新围攻。他调集川、黔、湘军，妄图将红军歼灭于乌江以西、黔渝公路一带。为了粉碎蒋介石的围攻，也为了加强作战指挥，3月4日，中革军委成立前敌司令部，以朱德为司令员、毛泽东为政治委员。敌军由于不断失地丧师，惊魂未定，不再贸然出动。经过遵义大捷，红军求战情绪高涨。当时，国民党军有两个师摆在遵义西的打鼓新场一带。3

月9日，中央纵队到达距离遵义和打鼓新场各百余里的苟坝，红一军团领导提出攻打打鼓新场守敌的建议。

3月10日，张闻天主持召开苟坝会议。参加会议的有政治局成员和军队负责干部20多人。与会的绝大多数都赞同进攻打鼓新场，只有毛泽东一人不同意。他反复强调不能打固守之敌，应在运动战中消灭敌人；甚至以不当前敌司令部政治委员之职进行抗争，但还是说服不了大家。结果以“少数服从多数”的民主表决，将刚就职七天的毛泽东前敌司令部政委的职务表决掉了。会议决定由周恩来起草进攻打鼓新场命令。深夜，毛泽东提着马灯到周恩来处，说再商量商量。两人去找朱德，三人认真分析打此仗的利弊得失，毛泽东说服了周、朱。第二天，周恩来提议继续开会，重新讨论进攻打鼓新场问题。经过一番激烈争论，毛、周、朱三人说服了求战心切的红军高级将领。会后，毛泽东向周恩来提出：过去的“三人团”主观武断，弄得中央政治局啥也不知道。现在天天开20多人的会议讨论军事行动，争论不休、解决不了问题，又贻误战机，还是成立几个人的小组，全权指挥军事，对中央政治局负责。周恩来在遵义会议时就有将毛泽东推举出来领导和指挥红军的想法。第三日开会，决定成立由周恩来、毛泽东、王稼祥三人组成的新的“三人团”，代表中央政治局全权指挥红军军事行动。

苟坝会议是长征中的一次重要会议，毛泽东多次讲到过。它的意义在于：一是撤销进攻打鼓新场计划，使红军免遭一次重大挫折；二是巩固了毛泽东在党的领导地位，并进一步确立了在红军中的指挥地位；三是为实现毛泽东早已谋划的把“滇军调出来”、西出云南渡过金沙江入川的战略计划，奠定了思想基础和组织基础。我对苟坝会议作考察时，沿着毛泽东提着马灯去找周恩来的路走了一趟。这是一条田埂小路，弯弯曲曲，坑坑洼洼，沟沟坎坎，还要翻一个山坡，大约有五里地，很难走。毛泽东那时的心绪不好，深夜行走之艰难情景可想而知。经过这番体验，我不胜感慨：毛泽东的许多想法和做法，非同常人。他完全可以作另一种选择：意见讲了，辩论完了，职务撤了，以后的一切后果与他无关。他可以安心睡觉，那时就是缺睡眠。但是，中国革命的安危，红军的命运，使他难于苟且偷安。一种责任心、使命感，驱使他还是要摸黑，走那难走的崎岖小路，去找周恩来。如果没有此行，历史可能会另写。因此，我们不能不佩服一代伟人毛泽东。

苟坝会议后是红军三渡赤水过茅台。茅台镇位于赤水河东岸。镇名的由来，根据民间流传，说古时这里茅草遍地，土著居民常在这种茅草台地上祭祀，久之名曰“茅台”。在茅台，是先有盐市，后有酒肆。茅台渡口是川盐入黔的主要渡口之一。盐业大兴后，无论商贾还是盐夫，对酒都有需求。两岸有紫色砂页岩和紫色土壤，这里将紫色俗称酱色。在酱色土壤上种植的高粱和小麦，其外形也是酱色的。因之，成为酱香型茅台酒的原料。中央红军再渡赤水，就是经茅台由黔北折回川南的。为了迷惑和调动敌军，中革军委决定实行一次全军性大佯动。1935年3月16日晨，红军主力占领茅台镇，秋毫无犯，在酒厂门口贴上“保护私营工商业”布告，任何人不准擅入，只能善价而沽。是日傍晚，红军各部通过架起的三座浮桥开始渡河，至18日晨全部渡过赤水。

在茅台，红军是否用酒洗澡洗脚呢？这个说法流传很广。我们考察时，厂党委同志说：这纯粹是以讹传讹的无稽之谈。在茅台，无论哪家烧房酒厂，都是用高齐肩头的大肚小口的陶制坛子贮存酒，从未有酒池之类。要在大酒缸里洗脚，那是根本不可能的事。何况又是战争年代，后面有敌军在追赶。红军在这里是路过，不是作长时间休整，厂党委同志还给我们讲了一个故事，并带着我们到展厅去看了陈毅与黄炎培对诗的蜡像。原来在红军过茅台后，国民党报纸大造舆论，诬蔑红军在茅台酒池中洗脚洗澡。黄炎培不信，写了一首《茅台诗》，发表在进步报刊上。著名画家沈叔羊读到黄诗，在重庆举办画展，特意在一幅画上画了瓶茅台酒，旁边放着酒杯，请黄将《茅台诗》书写于上。黄写道："相传有客过茅台，酿酒池中洗脚来。是真是假吾不管，天寒且饮两三杯。"这首诗与国民党的宣传唱了反调，并对时政带有讽刺之意。1945年7月初，黄炎培初访延安，在枣园毛泽东的窑洞里，见到他亲笔题写涉及红军过茅台的诗句，深为感动。陈毅时在延安参加完党的七大，还没有离开，也参与了会见。新中国成立后的1952年，时任华东军区司令员的陈毅，在南京以茅台酒宴请政务院副总理黄炎培。两人赋诗对酌。陈毅口占道："金陵重逢饮茅台，万里长征洗脚来。深谢诗章传韵事，雪压江南饮一杯。金陵重逢饮茅台，为有嘉宾冒雪来。服务人民数十载，共祝胜利干一杯。"黄炎培依韵和诗一首："万人血泪雨花台，沧海桑田客去来。消灭江山龙虎气，为民服务共一杯。"在黄、陈两位的蜡像前，我们对这段历史佳话有了更深切的感受。

（四）四渡赤水和南渡乌江

红军三渡赤水，从茅台到川南，果然造成蒋介石错觉，以为红军西进，深入川境，北渡长江。3月20日，蒋介石电令部属，将重兵向川南聚集，加强防堵，消灭红军于古蔺地区。就在蒋介石发出电令的同日，中革军委向中央红军发出了四渡赤水电令，要求部队秘密、迅速、坚决地出敌不备，折转返东，经二郎滩、太平渡、九溪口等处再过赤水。21日晚至22日上午，红军各部以隐蔽、神速的行动全部渡过赤水河。这样，当蒋介石令他的各路人马急匆匆向古蔺地区集结时，红军则隐蔽地与敌军相对而行，神不知鬼不觉地跳出了蒋介石策划的包围圈。这次巧妙迂回，将蒋介石的几十万大军甩在古蔺周围，其辎重物资还在源源北运。

红军四渡赤水成功，令恼怒的蒋介石急忙从重庆飞抵贵阳，决计在黔北遵义地区将中央红军一网打尽。他再次宣称：红军是强弩之末，左突右击，已“走投无路”，望我“军政同仁，同心协力，剿赤成功”。但是，他又打错了算盘。中革军委决定继续向南发展。为了争取南下先机，红军加快南下速度，在3月28日冒着狂风暴雨，进入乌江北岸地区。随后几天是清明时节，连日阴雨，乌云密布，能见度低，敌机无法侦察和轰炸，摸不准红军去向。这是天助红军！在蒋介石催令其各路大军进行堵截时，红军各部于31日在金沙县南渡过乌江进抵息烽西北地区，神秘地跳出了敌军的合击圈。

“四渡赤水”充分展现出毛泽东的军事天才。遵义会议前后，中央红军两种不同的最高领导，指挥作战是两种截然不同的局面。此前，李德、博古不从战事变化的实际出发，顽固地坚持原定的转移路线，实行单纯的军事退却和大搬家的甬道式行军，被国民党军前堵后追地打。湘江一战，红军遭受了建军以来最惨重的损失。遵义会议后，毛泽东参与指挥一切重大军事行动。同是一支红军队伍，却是两样的状态。同是面对蒋介石追堵围歼，但是两种应对方略。毛泽东坚持“你打你的，我打我的”；“打得赢就打，打不赢就走”；既要大踏步前进，也要大踏步后退，调动敌人，机动作战；兵不厌诈，声东击西，忽东忽西，出敌不意。因此，红军在川滇黔边来回翻山越岭，东突西奔，穿插行军。这样的战略战术过去从未有过“四渡赤水”是这些战略战术灵活运用的杰作。毛泽东的军事指挥艺术，在党内无以出其右。蒋介石的几十万大军被红军牵着牛鼻子走，往往相对反向而行，甚至“主动”给红军让道。这时的红军与白军的对峙，完全成了两军最高指挥官的对弈。飘忽不定的“红棋”全盘已活，主宰着棋局，掌握着战争主动权。

毛泽东对陈毅讲过，四渡赤水是他一生的“得意之笔”。萧华的《长征组歌》唱道：“横断山，路难行。敌重兵，压黔境。战士双脚走天下，四渡赤水出奇兵。乌江天险重飞渡，兵临贵阳逼昆明。敌人弃甲丢烟枪，我军乘胜赶路程。调虎离山袭金沙，毛主席用兵真如神”。这是对毛泽东自遵义会议后指挥红军化险为夷、变被动为主动、出神入化的军事指挥艺术的生动总结。

从巧渡金沙江到飞夺泸定桥

中央红军在毛泽东的实际指挥下，驰骋折返于黔、川、滇三省边缘地带的高山峡谷、急流险川，在敌人重兵集团之间迂回穿插、神出鬼没，不仅使蒋介石的围歼计划一再落空，而且多次反守为攻，兵临省城，令亲往督战的蒋介石心神不宁。

（一）直插云南，巧渡金沙江

中央红军南渡乌江后，毛泽东为达到西进云南、抢渡金沙江“只要能将滇军调出来就是胜利”的战略目的，又施大手笔。他将红军分为三路：一路直攻贵阳，虚张声势，非拿下省城不可；一路以最快速度东进，造成直取瓮安、贵定，向湖南方向发展态势；一路在桐梓一带牵制南下之敌，摆出与敌决战姿态。蒋介石既不知红军真实意图，也不知红军兵力虚实，不时听到红军已兵临贵阳乃至威逼昆明的报告，惊恐万状。

数天前转战于赤水、乌江的红军，刹那间已到贵阳近郊，震撼蒋介石的卧榻了。他立即严令各路军队急往贵阳的北、东、西、南四面对红军堵截。滇军先头部队以每天百里的速度在三四天内从昆明赶来“救驾”，受到蒋介石的嘉奖。而这也达到了毛泽东的目的，在蒋介石将滇军调出后，中革军委下令红军从贵阳东南突破敌军防线，以每天行军60公里的速度，经黔南和黔西南向滇东急进。

中央红军疾速进入云南。毛泽东再施“暗度陈仓”计，以少许部队逼近昆明，大造声势要攻城，令云南王龙云惊惶失色。滇军主力远在贵州，一时难以调回，昆明城内兵力空虚。龙云急调各地民团扔下其他防务，前来保卫昆明，而这就正中红军佯攻之谋。他自己削弱滇北地区和金沙江南岸的守备力量，为红军抢渡金沙江，北上川西创造了空前有利条件。

中央红军以少许部队佯攻昆明时，主力部队疾速北进，直奔金沙江了。金沙江为长江上流，经青藏高原，穿过横断山脉东麓进入云南。汹涌澎湃的江水冲出绝壁紧锁的峡谷后一泻千里，流到滇北元谋、禄劝一带时，江面渐宽，形成几个渡口。这条江以盛产金沙得名，江底流沙聚集，江边受日光照耀，闪闪映出金黄色，有如霞光万道。江边贫苦群众多淘取金沙卖钱，谋生糊口。金沙江两岸是崇山峻岭，山外有山，岭外接岭，通过飞机航拍的电影电视镜头，你可以看到，那是莽莽群山，金沙江犹如一条小白蛇蜿蜒穿越其间。2003年4月我到金沙江考察时，深感此处两岸悬崖之陡峭，崇山之险峻，下山到江边路途之遥远，胜过乌江和赤水河。但这里少雨干旱，植被稀少，地表裸露，水分蒸发很快，又是云南省内降雨量和降雨天最少的地方。

1935年4月29日，中革军委命令红军分三路急奔金沙江抢占元谋龙街渡、禄劝洪门渡和禄劝皎平渡等渡口。在这几个渡口中，皎平渡最难渡，激流滚滚，两岸皆绝壁。国民党当局没想到红军会将此地选作主要渡口，故未布重兵。中革军委估计到这一点，派刘伯承亲率干部团夺取皎平渡。刘伯承令先遣连伪装成国民党军，穿过敌军防地，以30个小时急行军140公里的“飞毛腿”速度，于5月2日深夜赶到渡口，消灭南岸民团和北岸川军守敌，占领了渡口两岸。皎平渡水深流急，无法架桥，只能靠船渡江。人马多渡船少，过江任务艰巨。红军广泛开展群众工作，找船工，寻渡船，将滇川两岸36名船工组织起来，分成两班，六条船不舍昼夜，人歇、船不歇地摆渡。每船六名船工，三人一班，来回摆渡十次换一次班，如此循环不间断。两条大船，每次渡60人；四条小船，每次渡40人。经过九天九夜，红军全部过江。毛泽东站在渡口北岸对红军部队说：过了金沙江，我们就真正把长征以来一直尾追我们的蒋介石军队甩掉了，相隔有一个多星期的行程。

中央红军抢渡金沙江，确实是红军长征史的一个大手笔。它是遵义会议以来敌我军事较量转折的继续，进一步实现了红军由被动到主动的战略转变。

（二）未克会理的会理会议

过金沙江后就是四川会理。县城是一座有着2100多年历史的重镇。该县位处四川西南山地，与云南交界，东西南三面皆为金沙江环抱。在古代，这里是“南方丝绸之路”要津，西南腹地的战略要冲；号称“川滇通衢”，为多民族杂居之地。县名就与这个特点有关系。历史上有多个县名，最初叫“会无”，似有“会晤”之意，取“诸酋聚合听会”之义。即是说，民族多了就要开会议事、协调关系，进行会晤。唐初改名“会川”，以“川原并会，诸酋听会之所”而得名。那时所辖地域辽阔，北至大渡河边，安宁河、雅砻江与金沙江都在县境内会合，意即族之会、川之会，故名“会川”。会理县名是在清代才用的，取“川原并会，政平颂理”之意，以加强对边远地区的统治。这几个县名，都说明这个地方重要，需加强治理。目前隶属四川省凉山彝族自治州。

1935年5月上旬，红军到达会理城郊，攻城一星期未果。一是该城守敌很多，且战斗力较强，是川军中能打仗的，此外还有增援部队一个旅。这样，攻城的红三军团和打援的红一军团在兵力上并不占优势。二是会理城墙异常坚固雄厚，非一般炸药所能炸垮，没有山炮很难攻克。会理县城尽管未克，但掩护红军其他各部在此期间进行休整的任务已完成。这为红军大部以逸待劳、尔后强渡大渡河作了重要准备，也使中央能在此开会。

5月12日，中央政治局召开史称的“会理会议”。会址在离县城七八公里的老街乡铁厂村。该村地势低洼，周围是山，1966年动工修水库时，该村属于淹没地带，没有保护会址。在会址旁边的一个小土坡上竖了“会理会议纪念碑”。会理会议对四渡赤水以来的战略方针进行总结。那时，部分指战员对老走路、不打仗有怨言。在领导层，林彪提出了走“弓背路”还是走“弓弦”问题，并给三人小组写信，建议由彭德怀代毛泽东任前敌指挥。召开会理会议就是要统一思想。参加会议的，除三人小组周恩来、毛泽东、王稼祥外，还有朱德，红一、三军团司令员和政委林彪、聂荣臻、彭德怀、杨尚昆，会议由张闻天主持。毛泽东对反映的关于军事指挥的不同意见进行了严厉批评。他一方面说林彪，你是个娃娃，懂得个啥；在当时这种情况下，不走弓背走弓弦行吗？另一方面却认为林彪的信是彭德怀鼓动起来的，因而对彭的批评比对林的批评重得多。其实，林彪的要求当即被彭德怀回绝了，林打电话时，聂荣臻、罗瑞卿等都在场。林写信，彭根本不知道，是在开会时才看到的。但会议开成了似乎主要是冲着彭德怀，还有张闻天的（他是跟红三军团行军的）。彭德怀和张闻天为顾全大局，维护毛泽东的军事领导权威，没有对毛的失之有据的批评进行申辩。

会理会议的另一个重要内容，就是确定行军方向，要不要过彝民区，前往大渡河？过了金沙江，摆脱敌兵追击只是暂时的，蒋介石还会派川军前堵后追，因而没有从根本上摆脱被动局面。会议决定红军继续北上，越过大渡河，实现在川西北与红四方面军会合的目的。会后，中央任命刘伯承为先遣司令，聂荣臻为先遣队政委，运用刘伯承在川军中的声望和两个四川人熟悉地理民情等有利条件，率领先遣队，前往彝民区，为全军开路。

（三）彝海结盟过彝区

正当中央红军围攻会理期间，国民党"追剿"军已赶到金沙江南岸。蒋介石飞抵昆明，制订新的"围歼"计划。他调集中央军和川军十余万人，令"追剿"的中央军速过金沙江，在川军的配合下，围歼红军于金沙江以北、大渡河以南、雅砻江以东地区。同时令在川各军沿大渡河北岸赶筑碉堡，严防红军北进；沿雅砻江西岸筑碉防守，阻止红军西进；"追剿"军与川军各部连成封锁线，严堵红军南返。并致电各军称：大渡河是太平天国石达开大军覆灭之地，今共军入此汉彝杂处，江河阻隔和给养困难的绝地，必步石军覆辙。

这是中央红军在长征途中的又一个险要关头。对于蒋介石的军事部署，中共中央早已察觉。部署派红军先遣队的任务，就是让他们想尽各种办法，排除一切困难，迅速通过彝民区，抢渡大渡河天险。刘伯承率红军先遣队，凭借昔日的影响，打通与守备川军的关系，次日即抵达西昌南的泸沽地区。从泸沽到大渡河有两条路，先遣队选择经冕宁县到安顺场的西路。这是条崎岖险峻的山路，要通过被视为畏途的彝区。敌军判定红军不会走此路，将主要兵力置于东路大道，重点防守。先遣队以少量部队走东路大道，迷惑并钳制正面之敌。

中共中央十分重视这次通过彝区的军事行动。毛泽东嘱咐刘伯承：先遣队的任务不是打仗，而是宣传党的民族政策，只要我们模范地执行纪律和党的民族政策，彝民会帮助我们通过的。5月21日，刘伯承向部队作动员报告说：今天我们到冕宁，这里过去是彝人的城市，后来彝人被反动统治者赶到山上去了。过了冕宁，就是彝族聚居区了。过去传说诸葛亮七擒孟获，就是在这个地区，至今还有孔明寨、孟获城等遗址。由于反动统治阶级实行的民族压迫和歧视政策，彝人的经济文化落后，生活极其贫困，对汉人疑忌很深；彼此语言又不通，民族隔阂很深。他们会射箭打枪，但他们同国民党军队不是一回事。我们要严格执行党的民族政策，争取和平通过彝族区。22日，先遣队进入大凉山彝族聚居区。这里的彝族主要有三支，经常“打冤家”，但遇到汉人马上联合起来，一致对外。红军到达彝海地区，遭到正在械斗的这几支彝族的围阻，有的还将红军战士的衣物剥去，抢走一些器材。红军一面向彝族群众宣传，一面派代表同他们的首领谈判。同时，布置自卫阵地。在了解各家支的情况后，根据他们不同的政治态度，采取不同的政策。沽基家支的首领小叶丹懂汉话，对红军表示友好，要见刘伯承司令员，大家讲和不打。刘伯承已在彝海边等候。小叶丹见到刘伯承后，主动表示：打你们的不是我，你们主张彝汉平等，我愿与司令员结为弟兄。刘伯承说：那些欺压彝民的汉人，也是红军的敌人，我们结义是为了反对共同的敌人。于是举行仪式，刘伯承和小叶丹喝了“鸡血酒”，两人歃血盟誓，结为金兰之义。小叶丹表示，由沽基家护送红军过彝族区。刘伯承代表红军赠送武器弹药，授予小叶丹一面书写着“中国彝民红军沽鸡支队”的队旗，发给他“任命小叶丹为队长、其弟沽基尔拉为副队长”的委任状。5月23日，红军先遣队由小叶丹的四叔带路护送，顺利通过100多里的彝族区，到达离安顺场不远的地方了。随后，经小叶丹安排，中央红军七天内走出了彝区。红军的顺利通过，为抢渡大渡河赢得了宝贵时间。刘伯承与小叶丹歃血结盟，成为我们党模范执行民族政策的佳话。解放初期，刘伯承说过：彝海结盟是报告中央决定的，小叶丹是有贡献的。如果不结盟，再推迟三天，蒋介石的重兵就调到大渡河堵住我们了。

2003年9月中旬，我走长征路，来到冕宁彝海子边。冕宁是凉山彝族自治州最北端的县，它以县东有山似“冕”，安宁河流经县境，故取山水之褒意而得名。彝海原名“鱼海子”，海拔2000多米，是个高山淡水湖，水深约60米，面积约20多万平方米，呈元宝形，以产细鲤鱼而得名。四周山峦环抱，针叶林木葱茏，湖水碧绿清澈，风景旖旎秀美，是个难得的旅游胜地。刘伯承和小叶丹的彝海结盟处，在彝海西北岸草坡上，建有江泽民题写的"彝海结盟纪念碑"。在凉山彝族自治州首府西昌还建了个更大的纪念碑。碑文写道："中国工农红军路过凉山，红军总参谋长、先遣队司令员刘伯承同志与彝族果基家支首领小叶丹于1935年5月22日，在冕宁县彝海乡彝海边，歃血为誓，结为兄弟，为红军顺利通过彝区，加快前进速度铺平了道路，在中国革命和彝汉民族团结史上写下了光辉的一页。今立此碑以志纪念，永远激励凉山各族人民发扬革命传统，世代团结，为凉山的繁荣富强而努力奋斗。"这个碑文实事求是地记载了那段历史。它铭刻的不仅是彝海结盟的兄弟关系，更是中华大地56个民族一家亲的宣示。

（四）大渡桥横铁索寒

中央红军从赣南出发以来，多有江河阻拦。每遇至此，蒋介石必利用江河天堑，部署重兵前堵后追，欲置红军于死地。但是，天堑不助蒋，他每次的如意算盘都被红军打得粉碎。湘江、乌江、赤水河、金沙江，一个个天堑都变成了通途。红军再要西进，挡道的就是大渡河。蒋介石深知，红军只要过了大渡河，再没有什么大江大河的天然屏障能够阻挡前进。那时的红军将如虎添翼，再与红四方面军会合，要消灭红军更困难。因此，红军过金沙江后，蒋介石在昆明亲自部署，企图凭借大渡河天险，使中央红军成为"石达开第二"。能否过大渡河，成为决定红军命运的又一关键之役。

大渡河发源于青海，全长1000多公里，目前在石棉县境内的是上游、中游河段。大渡河两岸系横断山脉，崇峰峭岭，高耸挺拔，河道陡峻，险滩密布，水流湍急，渡口极少。安顺场是这一带唯一渡口，大部队通过极其困难。1863年5月，太平天国翼王石达开率部由滇入川，抵达安顺场时，山洪突发，河水暴涨数丈，致使4万人马被阻于此47天，遭清军围堵，全军覆没。历史似乎无独有偶。石达开的悲剧，蒋介石希望重演。在太平军兵败之后70多年，中央红军几乎是沿着石达开的行军路线来到安顺场。我来考察时，当地负责人介绍说：红军同70多年前的太平军相比，形势更加严峻。红军到达这里的时间比太平军晚半个月，已是洪水期，河面宽达300多米，抢渡很困难。国民党军的布防严密，从安顺场的上游泸定桥至下游渡口，长数百公里都沿河陈兵，将所有船只、粮食和其他一切可被利用的物资器材，统统搜索走了。

但红军先遣队不是太平军。他们冒着大雨，日夜兼程，经过80多公里的急行军，于5月24日赶到这里。国民党守军两个连，根本没有想到红军来得这样快。这个突然袭击，使他们措手不及，守军全部被歼。先遣队缴获渡船一只，控制了渡口。25日清晨，先遣队组织17名勇士组成渡河奋勇队，乘那只小船向对岸驶去。在红一团团长杨得志指挥下，勇士们依靠八个船工的帮助，冒着对岸敌军密集的火力，在惊涛骇浪中翻滚；不顾生死，奋力拼搏，终于冲过弹雨，登上对岸，击溃守敌，占领了滩头阵地。在强大火力网掩护下，17位勇士扑向敌群，17把大刀左劈右砍，敌人溃不成军，向山上逃命。抢过大渡河的战斗胜利了。

红军先遣队渡河成功，打开了中央红军大部队北进的通道。但是，大渡河面太宽，水流湍急，不能架桥。找到的船只很少，仅红一团经过一天才全部渡完。照这个渡法，全军过河要一个多月。而后面的尾追之敌正向大渡河逼进，形势仍很严峻。

5月26日中午，毛泽东等中央领导到达安顺场。军委研究决定：兵分两路。红一师和干部团在这里渡河，为右纵队，归刘伯承、聂荣臻指挥，沿大渡河东岸朝北前进；林彪率红二师和五军团为左纵队，沿大渡河西岸前进。两岸部队互相策应，溯河而上，夺取泸定桥。安顺场到泸定桥，有170公里行程，两天内赶到。毛泽东特别指出：只有夺取泸定桥，我军才能避免石达开的命运。假如两路不能会合，被分割了，刘、聂率部队单独走，到川西搞个局面出来。

5月27日，刘、聂率领右纵队向泸定进发。右纵队沿河只有一条路，时而傍河，时而翻山，左边是波涛汹涌的大渡河，右边是峭壁千仞的高山。他们先后遭遇到敌军两道防线、两个多团兵力的阻击，在左纵队向泸定桥发起总攻时，刘、聂右纵队离泸定城还有25公里。左纵队先头部队红四团，在团长王开湘、政委杨成武率领下，于27日拂晓从安顺场出发。他们昼夜兼程奔向泸定桥，在途中的高山隘口歼灭守敌的阻击后，冒着大雨摸黑在泥泞路上小跑前进，以一天一夜急行120公里的速度，于29日晨赶到泸定桥西岸。

泸定桥在泸定县城，为康熙年间所建。桥西岸连接着海拔7000多米高的贡嘎山，东岸紧挨着海拔3400多米高的二郎山。两岸山势险峻，巍峨陡峭。泸定桥横跨于咆哮如雷的大渡河上，长103.67米，宽三米，由13根粗铁链索组成。桥身铁链九根，平行系于两岸。每根铁链相距1尺，上铺木板，以作桥面。左右两边各有两根铁链，作为桥栏。铁索桥高于河面数丈，悬于半空，人行桥上，左右摇晃，随桥起伏，俯视河下，波涛汹涌，头晕目眩，胆颤心悸，甚感危险。东桥头与县城相连，当时城内驻有敌军一个团，另有两个旅在向县城增援。红四团到来前，敌人已将桥上木板拆除，只剩下桥头一点。光溜溜的铁索，空荡荡地悬挂在激流之上。红四团组织22人的突击队，在29日下午4时发起总攻。经过两小时激战，敌军大部被消灭，红军全部占领县城，取得飞夺泸定桥的胜利。6月2日，中央红军全部过了大渡河。毛泽东说：中国共产党领导的红军不是太平军，我和朱德也不是石达开第二，蒋介石的如意算盘又打错了。

泸定县委领导告诉我们：红四团先头部队以超高速的急行军，翻山越岭，一昼夜走120公里，然后又匍匐于100多米长的铁链索激战，夺取泸定桥，这样的速度和意志力、战斗力达到了人类体能的极限，创造了人类战争史上急行军和在铁链索上匍匐战斗的吉尼斯纪录。他还说，前两年，深圳的学生来旅游，听了红军一天急行120公里，飞夺泸定桥的故事，根本不相信，认为这是不可能的。无独有偶。在我离京走长征路前听说过，有一个美国学者写的书，通过对人的身体各种指标的计算，也认为这是杜撰的故事。

我听到这些"新闻"感到吃惊。美国人与我们的历史文化、价值观念有很大区别，人家不相信，不奇怪。我们有的大学生，居然也这么认为，就令我有点不可思议。他们怎么会这样提出问题呢？！过后再想，顿悟开来。现代物理学不是讲"场"吗，对一些人来说，和平环境与战争年代，是否犹如牛顿力学和爱因斯坦的相对论一样，分属两个"场"呢？如果是这样，那几个年轻人怎么能用和平环境的常态，去想象战争年代那种非常态，我们的红军战士创造的奇迹呢？在非常时期的非常状态，人迸发的巨大能量确实是常态下不可能想象的。正如相对论对于牛顿力学定律难以理解一样。

（节录自《毛泽东思想研究》2013年第1期，标题为编者所加）

遵义会议的三个动态过程 /张黔生

遵义会议在中国革命史上的重要地位和作用无须多说，《中国共产党历史》第一卷早有定论。对于遵义会议，不宜孤立地、静止地把它作为仅仅三天会议的历史事件来看，而必须把它看作"会前酝酿准备""会议转折"和"会后延续完善"三个动态历史过程。这是由当时特殊的历史环境和条件决定的。在这个动态过程中，以毛泽东为代表的中国共产党人，做了大量的思想动员、调查研究、发扬民主、团结多数、据理力争、锲而不舍的工作。为此，笔者把这三个动态过程进行梳理，以给遵义会议一个完整的概念。

会前的酝酿

遵义会议的起因、主要议题、争论焦点和结果等，都同长征密不可分。长征与会议相生相伴，没有长征就没有遵义会议。这次会议的召开，经过了充分的民主酝酿和准备。

毛泽东在中央高层进行了广泛的思想动员，以争取大多数人的觉悟。这是关键的一步。

毛泽东、周恩来、朱德、彭德怀、聂荣臻等人从第五次反"围剿"开始，就不断抵制、批评李德的错误军事指挥。但由于当时全权负责军事指挥的"三人团"中，李德自认为是"太上皇"，作风专制，个人说了算。他死搬硬套苏联红军的阵地战打法，脱离中国革命军事斗争实际。他压制不同意见，很多好的建议没有被采纳，导致后来丢掉了中央苏区，被迫进行战略转移。到突破第四道封锁线，经历了牺牲惨重的湘江战役后，从于都出发的八万多红军，锐减到三万人。丢掉苏区和红军转移受到重创这一残酷的客观事实，使全军上下对军事指挥普遍产生了怀疑和不满。这在客观上成为中央政治局会议将要研讨的主要内容，为召开军事斗争教训总结会提供了议题。可以说，总结第五次反"围剿"失败以来军事斗争的经验教训，这是遵义会议召开的必然性。

为此，毛泽东不失时机地把自己的思想观点同张闻天、王稼祥交换，使张闻天、王稼祥认识到军事指挥的严重错误，坚定地站在毛泽东一边。并通过王稼祥、张闻天等人，又联系沟通了朱德、周恩来、陈云等一些领导人，逐步取得共识。李德后来在《中国纪事》中披露："他（指毛泽东——笔者注）不顾行军的纪律，一会儿待在这个军团，一会儿待在那个军团，目的无非是劝诱军团和师的指挥员和政委接受他的思想。"后王稼祥、张闻天、陈云等直接向周恩来提出建议，召开政治局会议总结经验教训，纠正错误的军事指挥。相对于李德的专制作风而言，宣传启发大家的觉悟是民主酝酿的一种形式，是召开遵义会议的思想酝酿过程。它提高了党和红军的领导人的思想觉悟，形成了开好遵义会议的思想基础。

毛泽东注意调查研究，掌握部队思想情况。是召开遵义会议的重要一环。

在长征途中，毛泽东十分注意了解部队广大基层指战员的思想状况。第五次反"围剿"以来，毛泽东本人就反对李德那一套所谓正规军作战的军事指挥思想。他也从处于战事步步失利的广大红军干部战士那里，了解到从红军高级指挥员到连队战士对李德瞎指挥的批评。

遵义会议前夕，红五军团政委李卓然赶到遵义参加会议，晚上去看望毛泽东。毛泽东就向他了解部队干部战士实际的思想状况，李卓然说："五军团广大指战员对李德、博古的军事指挥都非常不满。"毛泽东对他说："这个情况明天你在会上要讲一讲。"通过了解基层干部战士的思想情况，毛泽东认识到，要求改变军事指挥，摆脱疲于奔命、被动挨打的不利局面，带领党和红军从危机四伏的劣境中走出来，是广大基层指战员的心声，代表了中国革命的根本利益。正确代表最广大群众的心声和根本利益，正是民丰的核心和关键所在。这使毛泽东对开好遵义会议更有信心。这是开好遵义会议的群众基础。

据理力争，赢得最大的理解与支持，是毛泽东的又一重要策略。

毛泽东不但做别人的思想工作，动员他们起来反对错误的军事指挥，自己更是以身作则，挺身而出，用实际行动表明自己鲜明的观点和主张。具体表现在遵义会议前的湖南通道会议、贵州黎平会议和瓮安的猴场会议等三次重要的会议上。

在这三次会议上，毛泽东都旗帜鲜明地阐明了自己的观点，坚决反对错误的军事指挥。1934年12月11日中央红军占领湖南通道县城，12日中革军委在这里紧急召开临时会议，吸收毛泽东参加，讨论进军方向问题。在会议上，毛泽东反对李德到湘西与红二、红六军团会合的主张。因为此时蒋介石已在红军前往湘西的路上布下重兵，而主张避实就虚，转兵敌人兵力薄弱的贵州。经过激烈争论，大多数与会人员尤其是周恩来同意并采纳了毛泽东的意见。红军于12月15日攻占贵州黎平县城，18日召开政治局会议，会上毛泽东反对进入黔东的意见，主张深入贵州腹地，到黔北遵义一带创建新的川黔边根据地，再次得到与会同志的赞成。1935年1月1日，中央在瓮安县猴场召开政治局会议，会议否决了李德仍想返入湘西的意图，同意毛泽东等人的主张，执行黎平会议决议，立即北进抢渡乌江天险，占领遵义城等。李德的意见屡遭否决，十分恼怒。通道会议上，李德因为自己的意见被否决而提前离开会场。据周恩来的警卫员范金标回忆，黎平会议后周恩来把会议决议的译文给李德看。李德大怒，还质问周恩来，两人用英文对吵起来。周恩来也十分气愤，用手一拍桌子，桌上的马灯被震得跳动起来，灯也熄灭了。在猴场会议上，还做出今后军委的作战方针等军事决定必须向政治局会议报告的规定，这实际上取消了李德以往独断专行的军事指挥权。这几次交锋，也使大家理解了毛泽东实事求是的态度和坚持真理锲而不舍的精神。这是遵义会议最重要的准备。还要指出的是，这几次党中央召开的会议，始终坚持了民主集中制的原则，军事问题及行军方向不再是由李德代表"三人团"一人做决断。通过民主表决，少数服从多数，使毛泽东的正确意见得以采纳实行。这正是遵义会议成功召开的组织和制度的保障。

会议的转折

遵义会议于1935年1月15日至17日召开，至于会议的具体情况，除了会后印发的《遵义会议决议》，至今我们没有看到更多的第一手资料。但是通过现有资料，我们仍然知道：会议充分发扬民主，摆事实，讲道理，开展批评与自我批评，坚持了民主集中制原则。会议很好地完成了议题，出现重大转折，成为决定中国革命前途命运的关键。

这次会议开成了一个真正民主的会议。

会议主要有博古的主报告，周恩来的副报告，张闻天的反报告，以及毛泽东、王稼祥、朱德、凯丰（何克全）的发言等，可以说他们代表了参会人员的各个方面，表明了各自的立场，各种观点产生了激烈碰撞。博古把第五次反"围剿"失败和长征中重大损失的责任主要推给客观条件，几乎没有认识到自身主观错误。周恩来批评了李德、博古的错误军事指挥，同时作了自我批评，主动承担了责任。张闻天的反报告，是根据会前同毛泽东、王稼祥讨论达成共识写成的，系统地批评了军事指挥的错误，在会上引起很大反响。毛泽东的发言则对失败的主要原因进行了深刻分析，指出是单纯的军事防御路线，具体表现为进攻时的冒险主义、防御时的保守主义、突围时的逃跑主义。毛泽东的发言得到与会绝大多数人的一致赞成。表面上看，这次会议充满尖锐矛盾和冲突，争辩激烈。但背后也有一个人心所向的大趋势，甚至包括李德、博古也在追求的共同目标：这就是改变第五次反"围剿"和长征出发以来，红军疲于奔命、被动挨打的境况。只是怎样改变的思路和方法差异巨大，以至于李德、博古会前想象不到，他们的指挥再也不能继续下去了，必须改变军事指挥，由熟悉中国革命战争情况和规律的同志来带领党和红军战胜困难、走向胜利。

会议民主表决，通过了四条决定："1.毛泽东增选为政治局常委；2.指定张闻天起草会议决议，委托常委审查后发到支部中去讨论；3.常委中再进行适当分工；4.取消'三人团'，仍由最高军事首长朱德、周恩来为军事指挥者，而周恩来为党内委托的对于指挥军事上下最后决心的负责者。"可以说，毛泽东进入党和红军的核心领导班子，体现了党心军心的最大意愿，这是遵义会议最大民主的体现。正是这一民主的结果，使遵义会议成为党和红军生死攸关的重大历史转折。

这是一次正确对待组织和同志的会议。

毋庸讳言，博古、李德正确对待组织，在遵义会议上服从组织决定、遵守党的纪律和会后执行决议，是值得肯定的。

一方面，李德、博古在会上受到大家批评，被罢免了军事指挥权力。特别是博古，他是会议的主持人，又成为会议批评的主要对象，虽然心里不好受，但他没有在会上利用职权压制任何人发表意见，而是让大家把话充分地讲了出来。

自始至终主持了这个否定自己的会议。李德在《中国纪事》中这样写道:“博古直至最后还坚持自己的观点,但是他表示同意对个别战略和战术决策的批评,并愿意为实现遵义会议确立的路线忠诚地进行协作。”而李德自己则“请求允许我在第一军团待一段时间,使我能够在前线的直接实践中更好地认识毛所大肆强调的中国内战的特殊性”。这说明,他们虽然犯了错误,但他们遵守党的纪律,坚持了民主集中制,具有坚定的理想信念,服从真理,顾全大局,服从于内心对马克思主义的坚定信仰和追求。

另一方面,会后中央对犯错误的同志没有过多追究个人责任,继续给他们安排适当的工作,而不是一棍子打死。李德、博古在会上没有完全接受大家的批评,不能完全认识到自己的错误,党就让他们在实践中逐步提高思想认识,惩前毖后,治病救人,保证了全党全军的团结。所以说遵义会议是一次坚持民主集中制,充分发扬党内民主,正确处理党内矛盾的成功的会议。这为后来党和红军战胜张国焘分裂主义奠定了基础,博古、李德和凯丰关键时刻都坚定地站在毛泽东正确意见一边。

会后的延续

三天的遵义会议,并没有画上圆满的句号,而是延续到后面的两个会议,才真正结束了会议。这是特殊的历史条件和环境造成的。按惯例,会议决议应在会议结束前原则通过。由于遵义会议的结果完全出乎主持人预料,博古会前准备的原以为作为会议决议的所谓主报告被否决,不能作

苟坝会议会址

为会议的主题材料和会议决议通过。会上大多数人同意毛泽东、张闻天、王稼祥等人的发言或主要观点，会议通过了四条重要决定，但是未来得及形成一个系统规范的综合性的文件作为会议决议并通过，因此，指定张闻天在会后根据会议情况另行起草遵义会议决议。可见遵义会议的工作并未结束，而是延续到随后的两个会议。

一是扎西会议。中央军委纵队1月19日早上离开遵义，一渡赤水后进入云南。从2月5日至9日，中央政治局先后在今云南威信县的水田寨、大河滩、扎西镇（威信县城关镇）等地连续召开会议，统称扎西会议。遵义会议决议（即张闻天执笔的《中共中央关于反对敌人五次"围剿"的总结决议》）就是在扎西会议上通过的。此外，扎西会议还进行了政治局常委适当分工的重要工作之一，这就是作出由张闻天接替博古任党中央总书记的决定，由博古把象征权力的装有中央印章和重要文件的"挑子"，移交给了张闻天。会议还做出了红军部队整编，以及摆脱敌人的围追堵截，转回头二渡赤水、再占遵义城等决定。历史已经证明，遵义会议及前后一系列会议的决策是正确的，是发扬民主、执行遵义会议决议、服从真理的结果。

扎西会议会址

二是苟坝会议。毛泽东在遵义会议上选为中央政治局常委，会议要求常委进行适当分工。"扩大会完毕后中常委即分工，以泽东同志为恩来同志的军事上的帮助者"。这个"军事上的帮助者"不是职务，具体工作也未明确。这个分工，实际上直到3月12日，在遵义县苟坝召开的政治局会议上才明确下来的。3月5日，红军第二次攻占遵义撤离前夕，为了加强军事指挥力度，中央决定成立前敌司令部。朱德任司令员，毛泽东任政委。但众所周知，在3月10日、11日的苟坝会议上，政治局召开军事会议，在围绕是否攻打打鼓新场的问题上，发生了重大分歧。唯一坚持反对攻打打鼓新场的毛泽东，情急之中说，你们坚持要打，我这个前敌政委就不当了。表决结果，大家还是坚持要打。意味着毛泽东任职仅七天的前敌政委的职务也被表决掉了。由于事关党和红军的前途命运，当天深夜，毛泽东提着马灯，沿着乡间田野小道来到周恩来的驻地"长五间"，再次陈说利害，分析打鼓新场敌人以逸待劳，城池等防御坚固，且有后援，而红军长途奔袭，以劳顿之师强攻，且弹药补给不足，若久攻不下，周围敌人援军赶到，后果不堪设想。毛泽东说服了周恩来，没有按白天的决议发出作战指令，而是于12日早上再次召集会议，陈说缘由，两人一起说服大家放弃了进攻打鼓新场的计划。作为"党内委托的对于指挥军事上下最后决心的负责者"，周恩来在其中起的作用，是非常重要的。经过这次曲折反复，毛泽东提议建立一个精干的领导核心，及时全权处理重大军事行动，以免动辄召集人数众多的政治局会议，贻误军机。这一建议被采纳，遂成立了由周恩来、毛泽东、王稼祥组成的"三人小组"（也有称"新三人团"等）。至此，遵义会议提出的起草并通过会议决议、常委进行分工，以及毛泽东在党和红军中的领导地位，得以进一步落实与明确，遵义会议通过的四条决定有了完整的落实，从而给遵义会议画上了圆满的句号。"三人小组"在后来长征途中发挥了极其重要的领导核心作用。所以说，没有遵义会议，就没有长征的胜利。

（摘自《党史文苑》2011年15期）

编辑手记 /张 政

用一本小册子述说一段历史，让更多的人来了解这段历史。本着这样的愿望，我开始着手准备本辑读党史，从选题到筛选文章，再到编辑加工，耗时月余。感谢领衔编辑反复调整纲目、审核内容，全程跟进指导，终得以将这本小册子呈现给读者。

长期以来，人们更多地强调遵义会议本身的伟大意义，往往忽略了通道、黎平、猴场会议的重要铺垫作用；关于毛泽东领导地位的改变，也经常有人误认为“遵义会议形成了以毛泽东为核心的第一代中央领导集体”。因此，本辑的主旨，是希望重申两个主要观点，即：从通道到遵义的系列会议，共同实现了解决中央组织问题和军事问题的伟大历史转折，其后的几次会议，对遵义会议的成果起到了重要的巩固作用；遵义会议确立的，是毛泽东在党和红军中的领导地位，以及上述系列会议对红军长征军事行动产生的重大影响。

毛泽东谈起长征时曾说道：“长征是历史纪录上的第一次，长征是宣言书，长征是宣传队，长征是播种机。”二万五千里的长征是红军创造的气吞山河的人间奇迹，这一史诗般的征程拯救了党和红军。在编辑书稿时，我的内心也一次又一次地感慨长征征途那难以想象的艰辛。

前人历经百难，后人终享盛世。我仅以这本小册子来纪念这一历史性的壮举，尽可能展现红军长征的细节，表达对所有参与这一次壮举的红军指战员由衷的敬佩，让人们铭记并歌颂。